シェアド・リーダーシップ

チーム全員の影響力 が職場を強くする

石川 淳 ──── 著

Shared Leadership

中央経済社

まえがき

　本書のメイン・テーマは，シェアド・リーダーシップである。シェアド・リーダーシップとは，簡単に言ってしまえば，職場の誰もが，必要なときに必要なリーダーシップを発揮している状態のことである。
　職場のメンバー全員がリーダーシップを発揮するという考え方は，一見，奇異に思われるだろう。なぜなら，通常は，どの職場にも，課長とかプロジェクト・リーダーといった公式のリーダーが存在し，リーダーシップは，その公式のリーダーが発揮するものだと考えられているからである。

　しかし，よくよく職場を振り返ってみると，公式のリーダー以外のメンバーがリーダーシップを発揮することは，よく見られる光景であることがわかる。公式の役職に就いていないメンバーであっても，誰もが思いつかないようなアイデアを提案する場合もあるし，若手の社員であっても，先輩たちが知らないような情報を提供してくれる場合もある。リーダーシップとは，職場やチームの目標達成に向けて発揮する他のメンバーへの影響力である。すばらしいアイデアを提案することも，先輩たちが知らない情報を提供することも，目標達成に向けた影響力であり，立派なリーダーシップである。したがって，どちらの場合も，公式のリーダー以外がリーダーシップを発揮していることになる。つまり，シェアド・リーダーシップは，どの職場でも多かれ少なかれ見られる現象である。

　また，公式のリーダー以外のメンバーも積極的にリーダーシップを発揮している職場は，そうでない職場と比べ，活気が良い職場と言える。メンバーが，公式のリーダーの指示通りにしか動くことができない職場を想像してもらいたい。職場の雰囲気は暗く，メンバー同士のコミュニケーションが極端に少ない陰鬱とした職場であることは想像に難くない。それに比べて，メンバーのそれ

ぞれが責任感を持ち，自分なりのリーダーシップを適切に発揮している職場では，雰囲気が明るく，メンバー間のコミュニケーションも活発で，メンバーのそれぞれが生き生きと仕事に取り組んでいるだろう。その結果，職場としての業績も高くなると考えられる。

　本書でシェアド・リーダーシップをテーマとして取り上げたのは，3つの理由による。第1に，シェアド・リーダーシップが，これまでのリーダーシップ理論や研究と，その視点や考え方が全く異なるからである。リーダーシップに対する注目度の高まりから，リーダーシップ研究は数多く行われ，リーダーシップに関する書籍も数多く出版されている。しかし，そのほとんどは，職場にリーダーが1人だけ存在することを前提に，当該リーダーのリーダーシップに焦点を当てている。
　これに対して，シェアド・リーダーシップ研究では，公式の役職に関係なく，職場のメンバーの誰もがリーダーシップを発揮することができる，という前提で議論がなされている。課長などのような公式のリーダーだけでなく，新入社員やパート・アルバイト，派遣社員も含めたすべての社員が，その人なりのリーダーシップを発揮することができると考えるのである。

　第2に，シェアド・リーダーシップの研究から，シェアド・リーダーシップが職場の業績を促進することが明らかになりつつあるからである。シェアド・リーダーシップは，日本では，まだ，それほど馴染みがある考え方ではない。また，着目している研究者も多くない。しかし，世界的に見ると，シェアド・リーダーシップの研究はメジャーになりつつあるし，これまで多くの研究成果が蓄積されてきた。
　これらの研究の多くが，シェアド・リーダーシップの有効性を指摘している。具体的には，職場がシェアド・リーダーシップの状態になると，メンバーのモチベーションや職務満足が高まることが明らかになっている。加えて，職場がシェアド・リーダーシップの状態になることで職場の業績が高まることも明らかにされている。なお，シェアド・リーダーシップの研究は日本でも行われて

おり，日本の職場においても，シェアド・リーダーシップが業績にプラスの効果を与えることが確認されている。

　第3に，シェアド・リーダーシップは，日本の組織にこそ適合性があると考えられるからである。シェアド・リーダーシップの考え方は，主として米国の研究者によって創り上げられた。このため，日本には合わないと考える人がいるかもしれない。

　しかし，実際には，シェアド・リーダーシップは，日本の組織にこそ適合性が高いと考えられる。本書で詳述するとおり，日本の組織では，個人の職務範囲が曖昧で，相互に助け合いながら職務をこなしている。その際に必要となるのが自主性である。上司の指示されたとおりに動くだけでなく，困っている人を助けたり，気を利かせて先に準備をしたりするなど，自ら考え自主的に動くことが求められる。

　自ら考え自主的に動くことは，リーダーシップを発揮するうえでの基本である。つまり，日本の組織には，公式のリーダー以外の人がリーダーシップを発揮するための土壌がすでにできあがっていると考えられるのである。

　本書は，3部の構成となっている。第1部では，リーダーシップの持論について述べられている。リーダーシップの持論は，自分なりの効果的なリーダーシップを発揮する際に，重要な示唆を与えてくれる考え方である。職場をシェアド・リーダーシップの状態にするためには，職場の誰もが自分なりの効果的なリーダーシップを発揮しなければならない。このため，第1部では，シェアド・リーダーシップとは離れて，リーダーシップの持論という考え方に焦点を絞って議論を行っている。

　第2部では，シェアド・リーダーシップそのものについて解説を行っている。シェアド・リーダーシップに関するよくある誤解を解きながら，シェアド・リーダーシップの本質に迫っている。また，職場がシェアド・リーダーシップの状態になるとどのようにいいことが起こるのか，また，なぜ，そのようなこ

とが起こるのかについても，最新の研究を交えて議論している。

　第3部では，職場をシェアド・リーダーシップにするために何が必要かを議論している。シェアド・リーダーシップとは，職場のメンバーが，それぞれ勝手にリーダーシップを発揮している状態ではない。それぞれのメンバーが，職場の目標達成のために効果的なリーダーシップを発揮している状態である。このような状態にするためには，各メンバーの分化と統合を同時に実現する必要がある。分化とは，各メンバーが自律的に動く状態であり，統合とは，各メンバーが職場目標に向けて連携・協力する状態である。分化と統合という相反する状態を職場で実現するために，何が必要になるのかを論じている。

　本書は，研究者が本気で取り組んだビジネス書，という位置づけで書かれている。"本気"というのは，2つの意味がある。
　第1に，学術的なレベルで妥協していない，という意味である。ビジネス書の中には，わかりやすさを優先するために，最新の研究結果を捨象して記述しているものが見られる。中には，個人的な経験だけに基づいて記されているものもある。そのようなビジネス書の有用性を否定するわけではない。しかし，本書の著者は，リーダーシップの研究者であり，現在も，新しい理論構築を求めて研究を行っている。筆者の強みを発揮するために，本書では，筆者が得意とする研究分野における最先端の知見をもとに，学術レベルを落とすことなく論じている。

　第2に，ビジネス・パーソンでも理解しやすい記述にしている，という意味である。学術的な成果を，一般の読者に伝えるのは意外に難しい。研究論文の場合，読者が当該分野の専門家であるため，専門用語を駆使したり，抽象的な議論を展開したりした文章でも相手に意図が伝わる。しかし，そのような文章は，一般の読者にはわかりづらい。このため，本書では，専門用語をわかりやすい解説付きで用いたり，平易な文体を用いたりすることで，専門的な議論の理解が容易になるようにした。また，事例を多用することで，読者が，現実の

場面を思い浮かべながら読み進められるようにした。これにより，抽象的な議論を具体的な場面に適用しながら理解することができると考えられる。

　本書は，ビジネス書であるので，第1には，ビジネスの最前線で活躍するビジネス・パーソンに読んでいただきたい。職場の全員がリーダーシップを発揮することの重要性を理解し，職位に関係なく，みんなが自分なりのリーダーシップを職場目標の達成に向けて効果的に発揮する職場づくりに役立てていただけるとありがたい。

　一方で，学生など，経営学を学んでいる人や，リーダーシップ研究に興味がある人にも読んでいただきたい。本書は研究書ではないが，多くの先行研究の知見をもとに記述されている。議論に際しては，多くの重要な先行研究が引用されている。これらの研究に触れることで，リーダーシップ研究に興味関心を抱き，リーダーシップについて少し勉強してみよう，と思う方が出てくればありがたい。日本におけるリーダーシップ研究者が少ないことを憂う筆者としては，本書をきっかけにリーダーシップ研究に興味を感じてくれる人が1人でも増えてくれることを望んでいる。

2016年10月

石川　淳

目　次

まえがき・1

イントロダクション・11

| 第1部 | 効果的なリーダーシップを発揮するために・19 |

第1章　リーダーシップ持論とは？・20

第2章　なぜリーダーシップ持論が有効なのか？・24

第3章　持論を鍛える・31

第4章　リーダーシップ理論の重要性・36

| 第2部 | シェアド・リーダーシップについて・43 |

第5章　リーダーシップをシェアするという考え方・44

第6章　シェアド・リーダーシップの特徴・53

- ❶ 全員によるリーダーシップ ────────── 53
- ❷ 全員によるフォロワーシップ ────────── 61
- ❸ 流動的なリーダーとフォロワー ────────── 68

第7章　シェアド・リーダーシップの効果・74

第8章　シェアド・リーダーシップが効果的な場面・87

第9章　シェアド・リーダーシップに関する3つの誤解・101

- ❶ 誤解１：リーダーシップは権限に依存している ── 102
- ❷ 誤解２：全員がリーダーシップを発揮すると現場が混乱する ────────── 107
- ❸ 誤解３：誰もがリーダーシップを発揮できるわけではない ────────── 113

第10章　日本企業とシェアド・リーダーシップ・120

第3部　職場をシェアド・リーダーシップにするために・127

第11章　分化と統合の実現・128

第12章　職場の分化促進・131

- ❶ 自己効力感 ································· 132
- ❷ パーソナリティ・ベース・リーダーシップ ········ 139
- ❸ 多様性を認める風土 ························· 149

第13章　職場の統合促進・167

- ❶ 目標の共有化 ······························· 169
- ❷ 視点の変化：観客席とフィールドの両方の視点 ···· 181

第14章　信頼の醸成・192

クロージング　リーダーシップの持論，再び・208

あとがき・217
REFERENCES・218
索　引・223

イントロダクション

　あなたが,「優秀なリーダーとして有名な人を1人思い浮かべてください」と言われたら,どのような人を思い浮かべるだろうか。多くの人が思い浮かべる有名人としては,以下のような人があげられるだろう。

　　　坂本龍馬　　　　　　イチロー
　　　徳川家康　　　　　　松下幸之助
　　　キング牧師　　　　　本田宗一郎
　　　ガンジー　　　　　　孫正義
　　　マザー・テレサ　　　スティーブ・ジョブズ

　ここであげた人たちが活躍した時代はそれぞれ違うし,また,活躍した分野やその背景も違う。しかし,一方で,多くの人に"優れたリーダー"として認知されている人である,とも言えるだろう。
　では,ここであげたような人たちを見て,あなたは,どのような感想を持つだろうか。よくある感想として,以下の3つがあげられる。

　　感想1：彼ら／彼女らのような優れたリーダーになるためにはどうすれば
　　　　　よいだろうか
　　感想2：彼ら／彼女らのようなスーパースターになれるわけがないから,
　　　　　私は,優れたリーダーにはなれない
　　感想3：私は管理職ではないので,彼ら／彼女らのようなリーダーシップ
　　　　　を発揮する必要がない

　しかし,これらの感想は,いずれも,リーダーシップに対する誤解に基づい

た感想である。なぜ，誤解に基づいていると言えるのだろうか。その理由は3つある。

理由1：時と場合によって効果的なリーダーシップは異なる

　上述したリーダーが，いずれも優れたリーダーであることに異論はない。しかし，彼ら／彼女らが，すべての状況において常に優れたリーダーシップを発揮することができるか，と言えば，必ずしもそうではない。例えば，あなたの席の隣で，平社員のスティーブ・ジョブズがカリスマ的なリーダーシップを発揮していることを想像してみてほしい。あなたの職場の業績がめざましく改善する，というよりは，むしろ，混乱が広がる可能性のほうが高いだろう。

理由2：リーダーシップの有効性は，リーダーシップを発揮している人の性格や能力に依存する

　どのようなリーダーシップが有効かは，そのリーダーシップを発揮している本人の性格によって異なる。カリスマ性がない人が（大半の人はないと思われる），カリスマ型リーダーシップを発揮しているリーダーを真似しても，うまくいくわけがない。今までもの静かで目立たなかった課長が，松下幸之助の伝記を読んだ次の日から，松下幸之助が残した名言を用いてもうまくいかないのは，自明の理である。

　最新のリーダーシップ研究であるパーソナリティ・ベース・リーダーシップ研究は，自らの性格に合ったリーダーシップを発揮することが最も効果的であることを指摘している。つまり，カリスマ型リーダーシップ（フォロワーに対してカリスマ的な影響力を発揮するリーダーシップ）[1]やサーバント・リーダーシップ（利他主義や道徳的・倫理的価値で特徴づけられるフォロワーに奉仕するリーダーシップ）[2]など，一般に効果的だと言われている典型的なリーダーシップ・スタイルをとるよりも，自分の性格や能力に合ったリーダーシップを発揮するほうが効果的なのである。

たとえスティーブ・ジョブズのようなカリスマ性がなくても，また，坂本龍馬のような行動力がなくても，自らの性格や能力に合ったリーダーシップを発揮することで，十分な効果を得ることができる。つまり，誰でも効果的なリーダーシップを発揮することができるということである。

理由３：リーダーシップの必要性は，ポジションに依存しない

　リーダーシップは，部長や課長のようにリーダー的なポジションに就いている人だけが発揮するべきものではない。例えば，課長を中心とした一般的な職場を考えてみよう。通常は，職場において課長がリーダーシップを発揮している。しかし，何か問題が生じたとき，課長だけがその解決方法を知っているわけではない。課長が思いつかないような解決方法を平社員が思いつく場合もある。もし，課長が思いつかないような解決策を平社員が思いついたら，その平社員は，課長を含めた他の職場のメンバーに対して，その解決方法を提案するであろう。その瞬間，その平社員は，他のメンバーに対してリーダーシップを発揮したことになる。
　もちろん，職場によっては，たとえ平社員が良い解決方法を思いついたとしても，それを発言しづらいところもある。一方で，肩書きに関係なく，職場の目標達成のために自由に発言できる職場もある。当然，後者の職場のほうが，職場全体のモチベーションは高く，職場の成果も高くなる。
　最新のリーダーシップ研究であるシェアド・リーダーシップ研究は，公式のリーダーだけでなく，職場のメンバーの誰もが職位や肩書きに関係なくリーダーシップを発揮するほうが，職場の成果が高まることを指摘している。誰でもリーダーシップを発揮する職場のほうが，成果が高まるのである。

リーダーシップについての誤解

　前節での議論をまとめると，よくあるリーダーシップについての誤解に対して次のように言うことができる。

誤解１：優れたリーダーと同じように振る舞えば，優れたリーダーシップが発揮できる
　⇒リーダーシップが有効であるかどうかは，時と場合によって異なる
誤解２：誰もが優れたリーダーになれるわけではない
　⇒自らの性格や能力に合ったリーダーシップを発揮することで，誰でも効果的なリーダーシップを発揮することができる
誤解３：リーダー的なポジションにいない人は，リーダーシップを発揮する必要がない
　⇒職場の成果を高めるためには，ポジションに関係なく誰でもリーダーシップを発揮することが必要である

　このように，よくありがちなリーダーシップに関する誤解を解きほぐしてくると，次のように言うことができる。

　　リーダーシップは誰にでも発揮することができるし，また，誰もが発揮することを求められる。

　仕事をしていくうえで，他人との協働なしに，完全に孤立して活動を行うことはまれである。多かれ少なかれ，仕事の目標を達成するためには，他人との協働が必要となる。また，多くの人が，自分の目標だけでなく，職場や組織の目標の達成に貢献することが求められる。
　その場合，リーダー的なポジションにいる人だけでなく，それ以外の人も，必要に応じてリーダーシップを発揮することが求められる。それは，課長が指示命令を出すといった，一般的に思われているようなリーダーシップではないかもしれない。まして，カリスマ型リーダーが発揮するようなカリスマ的なリーダーシップではないだろう。
　しかし，リーダーシップ研究の視点から見れば，職場の目標達成のために必要と思われるアイデアについて何気なく放った一言や，職場で精神的に参って

いる人に対するさりげない気遣いも，すべてリーダーシップなのである。実際に，どこの職場であっても，そのような発言や行動が，新しい製品やサービスを開発するためのヒントになったり，職場の雰囲気を盛り上げたりするものである。つまり，職場の誰もが，リーダーシップを発揮することが求められるのである。

　また，リーダーシップは，必ずしも，一般に言われているような"リーダーに向いている人"だけに限られたものではない。人を感動させるような演説をすることが苦手な人でも，誰に知られることもなく，職場のみんなのために職場の整理をしたり，使用する道具を整備したりすることはできるかも知れない。仲間が困っているときに，的確なアドバイスを的確なタイミングで行うことはできなくても，一緒に困ってあげて，悩みを聞いてあげることはできるかも知れない。このような行為であっても，職場の目標達成に貢献するのであれば，それも立派なリーダーシップである。つまりリーダーシップは，誰にでも発揮することができるのである。

本書の目的

　本書は，リーダーシップは誰にでも発揮することができるし，また，誰もが発揮することを求められることを理解していただき，なおかつ，それを実践に移すきっかけを作っていただくことを目的としている。そのために，まず，リーダーシップの持論という考え方を取り上げ，誰もがリーダーシップを身につけることができることを明らかにする。次に，最新のリーダーシップ理論であるシェアド・リーダーシップを取り上げ，部長や課長といった公式的なリーダーだけでなく，職場の誰もがリーダーシップを発揮することの重要性を理解してもらう。さらに，誰もがリーダーシップを発揮できる状態，すなわち職場をシェアド・リーダーシップの状態にするために，具体的に何が必要となるのかを最新の研究結果をもとに明らかにする。

　筆者は，リーダーシップの研究者である。このため本書は，リーダーシップ理論を中心にさまざまな研究成果をもとに記述されている。このことは，やや

もすれば，一般の読者には忌避されがちである。なぜなら，一般には，理論は難しくて，わかりづらいと思われているからである。また，理論というものは，実践では役に立たない机上の空論であると思われることもよくある。

　しかし，リーダーシップの理論は，わかりやすいし面白い。特にシェアド・リーダーシップ理論は，使い方によっては，実践に非常に役に立つ。そのことを知っていただくことが，本書の隠れた最大の目的でもある。

　本書を通じて，読者に，3つのきっかけを提供したいと考えている。1つ目は，自らリーダーシップを発揮するためのきっかけである。職場でリーダー的な仕事に就いている人はもちろんのこと，そうでない人にはなおのこと，そのきっかけになることを期待している。リーダーシップは，職位や権限に関係なく発揮することができるし，また，発揮することが求められていることを知ってもらいたい。

　2つ目は，職場の他のメンバーのリーダーシップ発揮を促進するためのきっかけである。これは，とりわけ，職場でリーダー的な仕事に就いている人に期待したい。リーダー的な仕事に就いている人は，とかく自らが効果的なリーダーシップを発揮するために何が必要なのかに悩む傾向がある。確かに，自らリーダーシップを発揮することは重要である。しかし，それ以上に重要なのは，部下が自らリーダーシップを発揮するように仕向けることである。そのような職場にするためのきっかけを作ってもらいたい。

　3つ目は，リーダーシップ理論を学ぶためのきっかけである。リーダーシップ理論はわかりやすく，また，実践に役立つものも多くある。さらに，今後明らかにしなければならない課題も多く残されている。つまり，知的好奇心を満たすための宝庫である。最新のリーダーシップ理論でどこまでが明らかにされ，何が残された課題なのかを知ることが，新しい理論の研究を行うためのモチベーションを高めるきっかけとなることを期待している。

　このため，本書は，最先端のものも含めてリーダーシップや組織行動論の理論や研究成果を取り入れつつ，実務家の方にも研究を志す方にも役立つよう多くの事例を用いながら記述を展開している。

リーダーシップの定義

　本書では，リーダーシップを以下のとおりに定義する。

　　職場やチームの目標を達成するために他のメンバーに及ぼす影響力

　上記定義のうち，"職場やチームの目標を達成するために他のメンバーに"までは，研究者によって大きな違いはない。一方で，"影響力"ととらえるかどうかについては，研究者によって違いが見られる。研究者によっては，能力や行動，プロセスととらえる立場もある
　しかし，本書では，リーダーシップを"影響力"ととらえる。なぜなら，そのほうが，リーダーシップ理論や関連する研究を理解しやすいからである。本書ではさまざまな理論や研究成果を紹介するが，どれについても，リーダーシップを"影響力"ととらえると，最も理解がしやすくなる。なぜなら，多少の違いはあるものの，多くの研究者が，リーダーシップを"影響力"ととらえて研究を行っているからである。
　また，"影響力"ととらえることが，実務的にも大きな違和感がないだろう。職場において，「あの人はリーダーシップを発揮している」と言えば，影響力を発揮していることを表すであろうし，「あの人にはリーダーシップがないね」と言えば，影響力がないか，もしくは，効果的な影響力を発揮していないことを表すであろう。
　このため，本書において，"リーダーシップを発揮する"という記述があれば，それは"影響力を発揮する"という意味であり，"リーダーシップを身につける"という記述があれば，それは"影響力を発揮できるようになる"という意味になる。

注

1 カリスマ型リーダーシップ研究では，House, R. (1976) "A 1976 theory of charismatic leadership," in J. G. Hunt and L. L. Larson (eds.), *Leadership: The Cutting Edge Carbondale*, IL: Southern Illinois University Press.やShamir, B., House, R. J. and Arthur, M. B. (1993) "The motivational effects of charismatic leadership: A self-concept based theory," *Organization Science*, 4, 4 577-594., Conger, J. A. and Kanungo, R. N. (1988) *Charismatic Leadership: The Elusive Factor in Organization Effectiveness*, San Francisco, CA: Jossey-Bass.等が有名。

2 サーバント・リーダーシップの研究では，Greenleaf, R. K. (1977) *Servant leadership: A journey into the nature of legitimate power and greatness*, New York, NY: Paulist Press.（金井壽宏監訳・金井真弓訳『サーバントリーダーシップ』英治出版）やSpears, L. C. (2002) "Tracing the past, present, and future of servant-leadership," in L. C. Spears and M. Lawrence (eds.), *Focus on Leadership: Servant-leadership for the Twenty-first Century*, New York, NY: John Wiley & Sons, pp. 1-16, Liden, R. C., Wayne, S. J., Zhao, H. and Henderson, D. (2008) "Servant leadership: Development of a multidimensional measure and multi-level assessment," *Leadership Quarterly*, 19, 2 161-177.等が有名。

第1部　効果的なリーダーシップを発揮するために

「誰もがリーダーシップを発揮できる」と主張すると，「現実には，リーダーシップを発揮していない人がいる」という反論が返ってくる。確かにそうである。実際の現場を見てみると，効果的でないリーダーシップを発揮している人もいるし，また，全くリーダーシップを発揮していない人もいる。

これらの人は，経験が足りないのであろうか？　もちろん，経験は重要である。実際の経験なしにリーダーシップを身につけることは難しい。しかし，だからと言って，同じ経験をした人が，すべて同様にリーダーシップを身につけることができるわけでもない。人によって経験から大きく学ぶ人もいれば，あまり学ぶことができない人もいる。

それでは，最も大事なのは何であろうか。結論から申し上げると，それは次のとおりである。

> 効果的なリーダーシップを身につけるために最も有効な方法は，豊かなリーダーシップの持論を身につけることである。

もう少し正確に言えば，効果的なリーダーシップの持論を構築し，さらに，それを常に鍛え続け，その鍛えられた持論に従ってリーダーシップを発揮することが，最も効果的なリーダーシップを発揮することにつながる，ということである。

理論ではなく持論である。持論であれば，誰でも身につけることができる。もうすでに，リーダーシップの持論をお持ちの方もいらっしゃるかもしれない。

リーダーシップの持論を身につけ，それを鍛え上げることでより豊かな持論にすることができれば，誰でも効果的なリーダーシップを発揮できる。また，持論を鍛え続けることができる限り，リーダーシップを向上し続けることができる。

それでは，そもそもリーダーシップの持論とは何か？　なぜ，効果的な持論を身につけることが最も重要なのだろうか？

これらの問いに答えるために，第1部では，リーダーシップの持論について解説する。

第1章
リーダーシップ持論[1]とは？

　持論とは，自分なりの信念のことである。したがって，リーダーシップの持論とは，「効果的なリーダーシップを発揮するためには○○のような行動が必要である」という自分なりの信念である。

　例えば，「リーダーシップを発揮するためには，フォロワーが置かれた状況を理解して，フォロワーの気持ちに寄り添ってあげることが大事である」と考えている人がいるかも知れない。また，「誰もが共感するビジョンと目標を掲げ，それに向けてフォロワーを盛り立てていくことがリーダーの重要な役割だ」と考えている人もいるだろう。いずれも，リーダーシップの持論である。持論とは，自分なりの信念だから，「効果的なリーダーシップを発揮するためにこれが重要だ」と信じていれば，それがリーダーシップの持論なのである。

リーダーシップ持論の具体例

　著名なリーダーの中には，明示的に持論を示している人もいる。例えば，元ヤマト運輸の社長で，"宅急便"を生み出すことで日本の運輸業界に革命を起こした小倉昌男氏は，リーダーとして必要な10箇条を以下のように示している[2]。

- 論理的思考
- 時代の風を読む
- 戦略的思考
- 攻めの経営
- 行政に頼らぬ自立の精神
- 政治家に頼るな，自助努力あるのみ
- マスコミとの良い関係
- 明るい性格
- 身銭を切ること
- 高い倫理観

また，松下電器産業（現・パナソニック）の創業者である松下幸之助氏は，リーダーとして必要なことを以下のように語っている[3]。

　　人間の本質というものは変えることができない。それを変えようといろいろ努力することは無理である。というより，人間自身を苦しめることになる。だから，その本質はまずこれをあるがままにみとめなくてはならない。そして，その上でどうあるべきかということを考える。それが大切なわけである。……だから，指導者たるものは，できるかぎりとらわれを排して，ものごとをあるがままに見るようにつとめなければならない。そうしたあるがままの認識があって，はじめて適切な指導も生まれてくる。

　実業家以外でも，持論を残している人がいる。例えば，戦国時代のキリシタン大名の１人である蒲生氏郷（がもううじさと）である。蒲生氏郷は，名言を多く残した大名としても知られているが，大名としての心得として，以下のような言葉を残している。

　　家中には情を深くし，知行（給料・報酬）を授けるように。知行ばかりで情がなければ，万全とは言えない。情ばかりで知行がなくてもこれまた虚しいことだ。知行と情とは車の両輪，鳥の両翼のようなものだ。

　どの人も，「これがリーダーシップの持論である」と明確に謳っているわけではない。しかし，いずれも，"組織目標を達成するために効果的な影響力を発揮するために必要なこと"として考えていた，という意味では，リーダーシップ持論である。
　もちろん人によっては，持論として明示的に認識していない場合もあるだろう。うまく言葉にはできないけれど，リーダーシップの発揮が求められる場面になれば，自然にそのように振る舞う，という暗黙的なものである。しかし，このような暗黙的なものも立派な持論である。つまり，**持論とは，"有効なリーダーシップを発揮するために必要な態度・行動について，その人なりに**

持っている，明示的もしくは暗黙的な自分独自の信念"ということになる。

人によって違うリーダーシップ持論

　例えば，佐藤氏と鈴木氏という2人の課長がいたとしよう。どちらも，部下の成長を手助けすることが，リーダーシップを発揮するために一番重要であると考えていたとする。しかし，佐藤課長は，部下の成長を促すために，あえてアドバイスやコメントはせず，まずは自分の力でやらせてみて，失敗の中から学ばせることを重視している。一方で，鈴木課長は，経験のない部下に対しては，アドバイスを十分に行い，実際の手助けもし，まずは成功体験を積ませることを重視している。

　どちらの課長も，持論を文字にしてしまえば，「効果的なリーダーシップを発揮するためには，部下の成長を手助けすることが重要である」ということになる。しかし，実際に部下に対して振る舞う課長としての行動は，大きく異なる。このように，同じような持論はあったとしても，細かいニュアンスが違ったり，また，その前提が違っていたりするなど，暗黙的なところまで突き詰めて見てみると，それぞれに違いが見られ，全く同じものはないことになる。

　また，持論は，自分なりの信念であるから，他人に通用するとは限らない。偉大なリーダーの持論を真似したとしても，必ずしもうまくいくとは限らないのである。なぜなら，持論は，それぞれの人の性格や能力に基づいているからである。例えば，慎重な性格で，何事にもじっくり取り組むことが好きな人が，活動的な性格で，何でもとりあえず試してみることが好きな人の持論を真似しようと思っても，うまくいかないだろう。前節で示した持論の例も，小倉氏や松下氏，蒲生氏郷自身の持論であって，これが他の人にも通用する，というわけではない。

　加えて持論は，その人が置かれている環境でしか有効ではない。なぜなら，それぞれの持論は，それぞれの人が置かれた環境での経験に基づいているからである。例えば大学で研究を行っている人で，それ以外の経験が全くない人が，民間企業の営業部門で効果的なリーダーシップを発揮している人の持論を参考

にしても，うまくいかないのは当然である。

　このように，性格や置かれた環境は人それぞれであるから，似たような持論はあるかもしれないが，全く同じ持論，というものは存在しない。100人いれば100通りの持論がある。また，持論は自分にだけ有効なものであるから，他人の持論を真似したとして，大きな効果は望めない。自らのために自ら考えた持論だけが有効なのである。

注■────────────
1　リーダーシップ持論の重要性を最初に主張したのは，私が知る限りでは，著名なリーダーシップ研究者である神戸大学大学院経営学研究科の金井壽宏教授である。したがって，リーダーシップ持論が重要である，という考え方は，筆者のオリジナルではない。この章の内容は，金井教授の考え方を筆者なりに解釈し，筆者の研究成果を取り入れながら示したものである。もし，本章の中で優れた点があるとすれば，それは，金井教授の先見の明によるものであり，至らない点があるとすれば，筆者の研究者としての未熟さゆえである。
2　小倉昌男（1999）『経営学』日経BP社より。
3　松下幸之助（2006）『新装版　指導者の条件』PHP研究所より。

第1部 効果的なリーダーシップを発揮するために

第2章
なぜリーダーシップ持論が有効なのか？

　リーダーシップ持論は，どのような優れたリーダーシップ理論よりも，また，どのような優れたリーダーの教訓よりも有効である。さらに，どのような標準化されたトレーニングを受けるよりも，持論を鍛えたほうが有効である。
　なぜ，持論は有効なのであろうか？　その理由を理解するために，まず，持論がどのように形成されるのかを考えてみる。持論形成プロセスを見ることで，なぜ，持論が有効であるのかを検討する。

Case

田中弘道氏のリーダーシップ持論の生成

　田中弘道氏は，老舗文具メーカーである佐々木文具堂（仮名）の信州地区担当の営業課の課長である。佐々木文具堂は，規模は大きくないものの，独自の製品が市場で評価され，安定した業績を誇っている。田中氏は，新卒で佐々木文具堂に入社し以来，25年間，営業畑を歩いてきた。また，5年前には管理職に昇進し，これまで，課長として信州地区を担当してきている。
　現在，彼のもとには，7人の部下がいる。これまで，この7人の他にも，何人かの部下と一緒に仕事をしてきた。その中には，仕事やプライベートの悩みを抱え，仕事に集中できない部下も何人かいた。
　そのような部下に課長として初めて遭遇したのは，彼が課長に昇進して1年目のことであった。その部下は，入社3年目の伊藤氏である。しかし，課長に昇進したての田中氏は，仕事上で悩みを抱えている伊藤氏に，どのように対処したらよいかわからなかった。
　このため，まず，就業時間後に時間をとり，2人で飲みに行き，そこでじっくり話し合うことにした。伊藤氏の悩みは，自分の営業成績についてであった。一所懸命顧客回りをしているが，なかなか実績に結びつかないことが悩みであった。同期とも差がつき，焦っているようであった。

かつて田中氏も同じようなことで悩んでいたため，伊藤氏の気持ちはよくわかった。しかし，元来口べたな田中氏は，そのときの経験をどのように伝えればよいかわからず，ただ，話を聞くことしかができなかった。歯がゆい思いをしながら，その晩は伊藤氏とそのまま別れた。
　次の朝になってみると，これまで暗い顔をしていた伊藤氏は，幾分明るい顔になっているような気がした。しかし，田中氏は，気のせいではないかと思ったし，また，昨晩，課長らしいことをしてあげられなかったので，また，機会を見つけて一緒に飲みに行こうと考えていた。
　ところが，その日から，徐々に伊藤氏の様子は明るく前向きになってきて，いつの間にか，心配するような状況ではなくなった。田中氏は，なぜ，伊藤氏の悩みが解消したのか理解できなかったが，ともかく，彼が明るく仕事をするようになったので安心した。
　別の機会に，やはり悩んでいる別の部下に遭遇することがあった。そのときの部下である山田氏は，プライベートな問題で悩んでいた。子供の教育方針について奥さんと意見が食い違い，家で言い争いが絶えないことに悩んでいたのである。
　田中氏も，奥さんとの仲がうまくいかなかったときがあり，同様につらい思いをしたことがあった。伊藤氏のときにはうまくアドバイスができなかったので，今度こそ，うまくアドバイスをしようと，自分の経験からいくつか話をするようにした。
　しかし，自分の気持ちを伝えるのがうまくない田中氏は，なかなか思った通りに自分の気持ちを表現できず，回りくどく，何度も同じような話をし，最後は，お説教のような言い方になってしまった。これではまずいと思ったのだが，相手は，真剣に聞いているようなので，まずは，課長としての仕事をうまくやり終えたと安心をした。
　ところが，翌日になっても，山田氏の暗い顔は晴れず，心配した田中氏は，その後も何度か飲みに誘ったのだが，いずれも断られてしまった。田中氏は，山田氏の気持ちを前向きにすることができなかったことを思い知ったのである。
　その後も，仕事やプライベートで悩みを抱え，暗くなったり，やる気をなくしてしまったりする部下にめぐり会うことがあった。そのたびに，忙しい合間を縫って時間を作り，一緒に飲みに行くようにしていた。しかし，自分の話に自信がなく，なおかつ，以前の山田氏に対する失敗で懲りてしまった田中氏は，適切なアドバイスをすることもできず，ただ，相手の話を聞くだけであった。
　ところが，最初の伊藤氏の時と同様に，ただ話を聞いているだけなのに，その日を境に徐々に元気になる部下が多くなった。部下の多くは，忙しいにもか

かわらず，自分のために時間をとってくれたこと，余計なお説教をするのではなく，自分の話をじっくり聞いてくれたこと，また，自分の気持ちを理解してくれたことなどについて，田中氏に強く感謝していた。また，親身になって自分のことを心配してくれる人が職場にいることがわかって安心するようになった。そして，そのような田中氏の気持ちに報いるためにも，前向きに仕事に取り組もうと思うようになっていったのである。

　このような経験を何回か繰り返すうちに，田中氏は，悩んでいる部下に対して，無理にアドバイスをしたり，慰めの言葉をかけたりするよりも，部下の気持ちになって一緒に悩んであげることが，結果的には，部下の気持ちを前向きにする，と思うようになり，また，それを実践するようになったのである。

持論の形成プロセス

　このケースの中で，田中氏は，成功や失敗を繰り返しながら，悩んでいる部下にとって，何が一番重要なのかを学習している。部下によって性格が異なったり，悩みごとが異なったりする。しかし，そのような違いを捨象すると，田中氏にとって最も重要な持論が見えてくる。この場合は，「悩んでいる部下に対して，部下の気持ちになって一緒に悩んであげること」である。

　これを図にすると，**図表2-1**のとおりとなる。人はさまざまな実際の出来事に遭遇する。これを，図では，"経験A"から"経験D"で示している。いくつかの経験をし，その中で，いろいろな試みをしてみる。その試みの中には，成功したり失敗したりするものもあるだろう。

　田中氏の場合，最初の部下には成功をした。それは，意図したわけではなく，ただ，初めての出来事であったため，緊張してうまく話ができず，また，たまたま同じような出来事を経験していたため，感情移入して話を聞いただけであったかも知れない。しかし，これは，田中氏にとっては成功経験である。

　一方，2回目の部下については，失敗している。田中氏としては，前回よりもうまく振る舞おうとしたのであるが，うまくいかず失敗している。このような成功や失敗の経験から，「悩んでいる部下に対して，部下の気持ちになって一緒に悩んであげること」が大事であるという持論を学んでいるのである。

図表2-1　持論生成プロセス

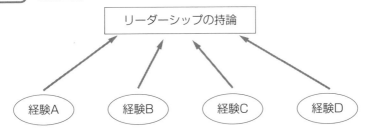

　このように，田中氏は，成功や失敗などさまざまな経験を通して持論を学んでいる。図で言えば，A～Dを経験し，そこから，自らの持論を見いだしたのである。このケースでは，4つの経験しか示されていないが，普通の人は，もっと多くの経験を積むだろう。中学生や高校生の頃からの経験を含めれば，大小の違いはあるものの，数多くの経験をしているはずである。

　これらの経験の中から，自分なりに，"ここが一番重要だ"とか"これを外すわけにはいかない"と考えたり感じたりしたところだけが蓄積され，それが持論を形成するようになる。図で言えば，A～Dの経験からリーダーシップの持論に向けた矢印に相当する思考が行われるのである。このような，個別の経験から一定の法則など抽象的な考え方を見いだす思考を帰納的思考という。

　もちろん，明示的に持論を抽出して蓄積しようとしているときばかりではない。むしろ，深くは考えていないが，何となく頭に残っている，という場合のほうが多いかも知れない。このように，明示的でなくても，自然に，重要な部分だけ抜き出されて頭の中に蓄積されていれば，それも帰納的思考が行われていることになる。暗黙的な持論が多いのは，暗黙的に帰納的思考を行っている場合が多いからであろう。

持論が優れている理由

　持論が，前節で説明したプロセスを通じて形成されることを考えれば，持論が優れている理由が明確になる。それは以下の3つである。

1）応用が容易であること
2）自らの性格や能力に基づいていること
3）状況に基づいていること

　第1に，持論は，応用が容易である。なぜなら，持論は，自ら創り上げたものであり，持論が形成されるプロセスがわかっているからである。このため，具体的な場面に当てはめる場合は，そのまま当てはめるのではなく，応用して当てはめることができるのである。

　田中氏の持論は，「悩んでいる部下に対して，部下の気持ちになって一緒に悩んであげることが重要である」ということである。これは，田中氏のさまざまな経験から，自分で帰納して創り上げている。このため，それまでの経験のどの部分をどのように捨象し，どの部分だけを残してきたのかがわかっている。このように，創り上げたプロセスがわかっていると，それを，実際の場面に応用しようとする際に，持論のうちどの部分をどのように応用すればよいのか，という勘所が働くのである。

　これを，**図表2-1**の続きとして描くと**図表2-2**のとおりとなる。図では，経験A〜Dから帰納された持論を，新しい経験であるEに応用しようとしている。持論という抽象的な法則や概念から，具体的な経験Eへの応用を思考するプロセスを下向きの矢印で示している。このような思考を演繹的思考と呼ぶ。持論は，自分の経験から自分で帰納したものであるため，それを具体的な経験に向けて演繹的に思考するのが容易なのである。

　第2に，持論は，自らの性格や能力に基づいている。同じ経験をしても，そこからどのように学び，どのような持論とするのかは人によって違う。それは，人によって，性格や能力が違うからである。

　田中氏は，口べたで，相手の心に響くような話をすることはできない。しかし，一方で，誠実な人柄で，なおかつ，人の気持ちを理解し，人の気持ちに寄り添うことができる人である。そのような人だからこそ，「悩んでいる部下に対して，部下の気持ちになって一緒に悩んであげることが重要である」という持論が有効なのである。

図表2-2　持論の生成と応用

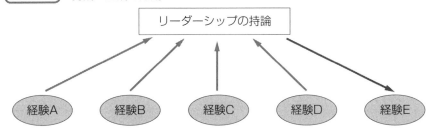

　後述するパーソナリティ・ベース・リーダーシップの研究が指摘しているとおり，自らの性格や能力に基づいたリーダーシップを発揮することが最も有効であることがわかっている。持論は，自らの経験や考えに基づいているため，自らの性格・能力に適合したものになる。このため，他人の教訓や一般的な理論よりも効果が高いのである。

　第3に，持論は状況に基づいている。持論は限られた個人の経験から形成されることが多い。このため，個人が経験した状況において有効なリーダーシップが持論として形成される。

　リーダーシップのコンティンジェンシー・アプローチによる研究によると，リーダーシップが有効であるかどうかは状況による。例えば有名なリーダーシップ理論の1つであるSL理論は，フォロワーのモチベーションや能力のレベルによって有効なリーダーシップ・スタイルは異なると指摘している[1]。

　日頃の経験から培われた持論であれば，日頃の状況に最も適した持論になっている。その会社・職場の文化や価値観，人間関係に最も適した持論として形成される可能性が高い。

　田中氏の場合も，佐々木文具堂の伝統や文化，そして職場の雰囲気や仕事に持論が適合していたと考えられる。逆に，もっと，競争的であったり，成果を重視したりしている会社・職場であれば，田中氏のやり方は，有効ではないかもしれない。このように，持論は，その人が置かれた状況に最も適したリーダーシップを示唆するので有効なのである。

注■―――――――――――――――――
 1　SL理論については，Hersey, P. and Blanchard, K. (1993) *Management of Organizational Behavior: Utilizing Human Resources (6th ed.)*, Englewood Cliffs, NJ: Prentice Hall.が詳しく記している。

第3章

持論を鍛える

より優れたリーダーシップを発揮するために何が必要か？　それは……

自らのリーダーシップ持論を鍛えること

である。それでは，持論を鍛える，とはどういうことであろうか？　これには2つの意味が含まれている。さまざまな場面に適した持論を持つことと，自らの持論に対する自信を深めることである。

さまざまな場面に適したリーダーシップ持論

　リーダーシップの持論を鍛えることで，それまで以上にさまざまな場面で応用することが可能になる。
　リーダーシップが必要となる状況は，常に同一ではない。例えば，1部上場企業の営業部門で部長職を担っている人が，自宅がある町内会の会長に就いた場合を考えてみよう。
　おそらく，会社で日頃発揮しているリーダーシップと全く同じリーダーシップを発揮しても，町内会ではうまくいかない。会社では，目標がはっきりしており，指示命令系統も明確である。また，部長職としての権限や責任も明確であり，報酬も制度化されている。
　一方，町内会は，その目的が会社と大きく異なる。目標も異なるであろうし，そもそも目標自体が不明確である可能性もある。指示命令系統も曖昧で，権限や責任もはっきりしていない。会長も含めて，役員全員が無報酬であることがほとんどであろう。

このような違いがあるため，会社で有効なリーダーシップが，そのまま町内会でも有効であるとは限らない。町内会には町内会にふさわしいリーダーシップがある。

　一方で，会社で日頃から発揮しているリーダーシップが全く役に立たないかといえば，そうではないかもしれない。会社において，日頃から部下に対してビジョンを示し，ビジョンの重要性を伝えようとしている人であれば，それは，町内会長としても有効かもしれない。

　ビジョンとは，目指すべき組織の理想的な姿である。どのような組織にもビジョンは必要である。町内会であっても，メンバーが納得して組織に貢献するようになるためには，メンバーの心をかき立てるようなビジョンが示されたほうが良いに決まっている。

　このように，リーダーシップ持論の中には，場面や状況によって効果が異なる部分もあれば，どの場面・状況においても共通して有効な部分もあろう。つまり，自らの持論のうち，どの部分が常に有効であり，どの部分が場面や状況によって効果が異なるのか，という点を把握する必要がある。また，場面や状況によって効果が異なる部分については，どのように異なるのかについても把握しておくことが重要である。

　このような作業を通じて，それまでうまくいかなかった場面でも通用するような，より適用範囲が広い持論にすることができる。これが，持論を鍛えることである（図表3-1）。

　経験と考察を繰り返すことで，持論の適用範囲を広げることができれば，そ

図表3-1　適用範囲が狭い持論から広い持論へ

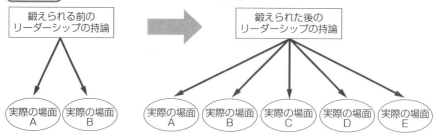

れだけ有効性が高い持論になる。必要となる場面や状況は無限であろうから，ある意味では，持論は完成することがない。しかし，より応用範囲が広い持論をつくり上げようとする努力は，有効なリーダーシップの発揮に役立つであろう。

リーダーシップ持論への自信

　リーダーシップ持論を鍛えるためにもう1つ必要なことは，自らの持論に対する自信を深めることである。これは，リーダーシップ研究の言葉に置き換えてみると，リーダーシップ自己効力感を高める，ということになる。

　自己効力感とは，ある課題を達成するうえで必要な能力を有していることについての信念である。簡単に言ってしまえば，ある課題を成し遂げる自信の度合い，ということである。

　リーダーシップ自己効力感とは，効果的なリーダーシップを発揮するために必要な能力を有していることについての信念である。「自らの持論のとおりに実践すれば，効果的なリーダーシップを発揮することができる」と心から思えることが，リーダーシップ自己効力感が高い，ということになる。

　自己効力感は，単なる思い込みではなく，信念であり，根拠のある心からの自信である。リーダーシップに関して真の自信がある人は，自信がない人に比べて効果的なリーダーシップを発揮することが，最近の研究でも明らかにされている[1]。**単なる独りよがりとか，うわべだけの自信ではなく，心の底から導き出される信念に従ってリーダーシップを発揮したほうが，フォロワーの心へ訴える力が大きくなる**，ということなのであろう。

　リーダーシップ自己効力感を高めるためには，言葉に表すことができるような明示的なリーダーシップ持論を持つ必要がある。多くの人は，すでにリーダーシップの持論を持っているだろう。しかし，明示的か暗黙的かは人による。明示的に「○○のようにすれば効果的なリーダーシップを発揮できる」と考えている人もいるだろうが，そこまで明示的に持論として意識していない人もいるだろう。

暗黙的な持論しか持たず、かつ、リーダーシップ自己効力感が高い人もいるかも知れない。「人にはうまく伝えられないが、リーダーを任せられればうまくやる自信がある」という人もいるであろう。

しかし、一般的には、明示的な持論を持っていたほうが、自信を持ちやすい。「このような場合は、このようにすればうまくいく」ということを明示的に意識していたほうが、「何となくいつものとおりにやればうまくいく」と思っているより、安心感を持ちやすい。その安心感が自信につながる。

また、持論を明示化していたほうが、より応用範囲が広い持論へのつくりかえが容易となる。持論が明示化されていれば、これまでの持論で乗り越えられない状況に直面した際に、今までの持論では何が足りないのかとか、今までの持論をどのように変えればこの状況を乗り越えることができるのか、といった考察を行いやすいのである。

このように、リーダーシップ持論を明示化するという作業を通じてリーダーシップ自己効力感を高めることが、リーダーシップ持論の有効性を高める。これが、持論を鍛える、ということのもう1つの意味である（**図表3-2**）。

それでは、リーダーシップの持論を鍛えるために、具体的に何が必要となるのであろうか？　もちろん、第1には経験である。しかし、意外なことに、リーダーシップ理論も役に立つのである。実践に役立ちそうもない理論が持論の構築に役立つ、といわれても、にわかには信じられない人もいるだろう。しかし、だまされたと思って、まずは、次の章を読んでもらいたい。

図表3-2　自信がない持論から自信がある持論へ

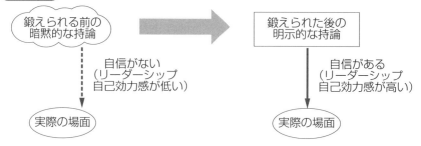

注
1 Kok-Yee, N., Soon, A. and Kim-Yin, C.（2008）"Personality and Leader Effectiveness: A Moderated Mediation Model of Leadership Self-Efficacy, Job Demands, and Job Autonomy," *Journal of Applied Psychology*, 93, 4 733-743.や Paglis, L. L. and Green, S. G.（2002）"Leadership self-efficacy and managers' motivation for leading change," *Journal of Organizational Behavior*, 23, 2 215-235.を参照のこと。

第4章
リーダーシップ理論の重要性

　本書では，リーダーシップ理論の代表として，シェアド・リーダーシップに焦点を当てている。繰り返しになるが，リーダーシップは誰にでも発揮することができるし，また，誰もが発揮することを求められることを理解していただき，なおかつ，それを実践に移すきっかけをつくるために最も役立つ理論だからである。

　実務家の中には，「理論なんて実践の場では役に立たない」と考えている人もいるだろう。理論と聞いただけで読む気をなくしてしまう人もいるかもしれない。

　しかし，実際には，役に立たないと思い込んでいるだけで，考え方や見方を変えれば，理論ほど実践に役に立つものはない。たしかに，リーダーシップ理論そのものは，そのままでは現場でのリーダーシップの発揮に役立たない。しかし，理論は持論構築には役に立つ。つまり，理論は，持論構築を通じて，リーダーシップの発揮に役立つのである。

　理論が持論構築に役立つのには2つの理由がある。

　1）理論は，持論を明示化し整理することに役立つ
　2）理論は，経験だけでは得られない考え方やものの見方を提供してくれる

持論の明示化

　理論は，それまでの経験をまとめ上げ，明示化された持論にするためのフレームワークを提供してくれる。暗黙的に何が重要かわかっており，現場ではうまくいっていたとしても，それを言語化することができないため，後輩や部

下にうまく伝えられない，というようなことはよくある。また，断片的には何が重要であるのかわかっているが，それをまとめて整理することができずにいる，というようなこともあるかもしれない。そのようなときに，理論がそれまでの経験をまとめたり，言語化するためのフレームワークを提供してくれるのだ（**図表4-1**参照）。

　ある人が，部下のやる気や能力によって，部下に対する振る舞い方を変えるべきだ，という持論を持っていたとしよう。その人は，実際に，さまざまな部下と接してきて，どの部下にも同じように振る舞っていてもうまくいかないことを経験的に学んでいる。また，部下に応じて振る舞いを変えて，それなりにうまくいっている。しかし，「具体的に，どのように変えたらよいのか？」と問われると，「何となくその場の勘で変えていくしかない」としか答えられない。

　このような場合，先述したリーダーシップのSL理論が役に立つ。SL理論は，フォロワーの成熟度，すなわちフォロワーのモチベーションや能力のレベルに応じて，最も効果的なリーダーシップ・スタイルが異なることを指摘している。また，どのレベルにはどのリーダーシップ・スタイルが適切なのかも示してくれている。
　もちろん，SL理論のとおりに振る舞ったからといって，必ずしもうまくい

図表4-1 理論を用いて暗黙的持論から明示的持論へ

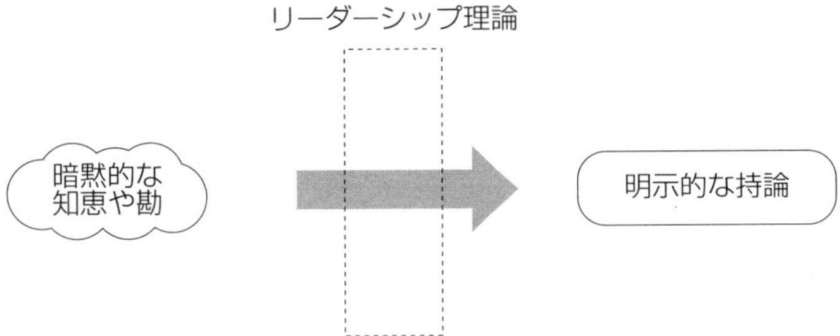

リーダーシップ理論

暗黙的な知恵や勘 → 明示的な持論

くとは限らない。したがって，現実の問題解決を図るためには，やはり現場での勘が必要となる。

しかしこれまで，ただ漠然と「部下によって振る舞いを変えるほうがよい」とだけしか認識していなかったものが，SL理論を用いて言語化したことで，今までの経験や勘を整理できるようになるのである。こうして自らの持論に自信を深めたり，また，持論をさらに発展させて，より豊かなものにすることができるのである。

新しい考え方の提供

理論は，それまでの経験では得られない考え方を提供してくれる。なぜなら，実は理論こそ，経験の積み重ねそのものだからである。それも，1人2人の経験ではなく，何千何万もの人の経験の積み重ねなのである。

持論は，個人の経験に基づいて構築される。もう少し具体的に言うと，さまざまな実践による経験から，どの経験にも共通し，かつ最も本質的で重要な部分だけを抜き出したものが持論，ということになる。

理論も，経験に共通する本質的な部分を抜き出したものである。その意味では，その成り立ちは，持論と同じである。唯一違うのは，持論が1人の人間の経験に基づいているのに対して，理論は，実に多くのさまざまな人の経験に基づいていることである。

科学的理論というものは，ただ誰かが提唱しただけで"理論"と認められるわけではない。誰かが理論として提唱すると，多くの研究者がその理論が正しいかどうかを確認する作業，すなわち検証作業を行う。これらの検証作業を通じて正しいことが明らかにされて，初めて，"理論"と呼ばれるようになる。

リーダーシップの理論も同様である。まず，その原型が，1人ないしは少数の研究者によって提唱される。その後，さまざまな研究者によって検証作業が行われ，初めて理論として認識される。その検証作業では，多くの人をサンプルとしてデータを集め，理論が正しいかどうかを確認する。一連の検証作業で用いられるサンプル数は，数千人から数万，数十万に及ぶことさえある。

つまり，リーダーシップ理論と呼ばれているものは，多くのさまざまな人にとって当てはまることが確認されているものなのである。言い方を変えると，理論と呼ばれるものは，多くのさまざまな人に共通する本質的な部分をまとめ上げたものなのである。

持論は，1人の人の性格・能力や，その人が直面する可能性がある場面に応じてつくられている。このため，具体性は高いものの汎用性が低い。つまり，それ以外の人や場面では当てはまらない可能性が高い。これに対して理論は，何千人，何万人に共通するところだけを拾い集めているため抽象度が高く，具体的な場面にそのまま適用することは難しい。しかし，どの人にも共通する部分が抽出されているために普遍性が高く，多くの人が参考にすることができる部分を有する。

1人の人間ができる経験は限られている。この点，多くの人の経験から成り立っている理論は，個人の経験からだけでは得られないような新しい視点をもたらしてくれることもある（**図表4-2参照**）。

6人の部下を持つ課長である山田氏を想定してみよう。彼は，日頃から，部下の性格によってフィードバックのスタイルを変えるべきだと考えている。打たれ強く，厳しいことを言われても，それをバネにするような性格の部下には，多少厳しめのフィードバックを行い，打たれ弱く，すぐに落ち込んでしまうような部下には前向きなフィードバックを行う必要があると考えているのである。これは，山田氏の持論である。

この山田氏が，フィードラー理論に触れたとする[1]。この理論は，状況によってリーダーシップ・スタイルを変えるべきだと主張している。その状況の1つに，タスク（仕事や課題）の構造化度合いがある。タスクの構造化度合いとは，タスクのプロセスやゴールが明確化されている度合いである。これまで，部下の性格ばかり気にしていた山田氏は，部下の性格だけでなく，タスクの性質によっても有効なフィードバックが異なることに気づくかもしれない。

図表4-2 理論を用いて明示的な持論を補強

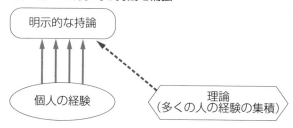

　この事例で山田氏は，フィードラー理論によって新たな気づきを得ている。自分の経験にばかり頼っていたら，このような気づきは得られない。もちろん，他人と経験談を共有することでも，このような新しい気づきは得られる。しかし，理論には，数多くの人の経験が凝縮されている。その意味では，**理論は気づきの宝庫**とも言える。

理論と持論の関係

　理論と持論の関係を示したものが**図表4-3**である。この図は，**図表2-2**に，理論A～Eと，抽象度合いを示す縦軸を付け加えたものである。この図は，経験が具体的であるのに対して，理論が抽象的であること示している。また，理論が，持論を通じて具体的な場面に影響を及ぼすことも示している。

　もちろん，理論がそのまま持論に役立つわけではない。例えば，前の山田氏の場合であっても，理論を勉強したことで新しい気づきを得られたからといって，すぐに，部下へのフィードバックに関する持論が変化するわけではない。

　「具体的にどのようなフィードバックが必要なのか？」「そのフィードバックは，本当に自分の職場に適したフィードバックなのか？」「今の職場に関連して，他に考慮すべき要因はないのか？」などといった疑問に，理論は直接答えてくれない。この部分は，自分で考えるしかないのである。この作業が，理論から持論への応用である。優れた持論を構築するためには，理論を覚えているだけでもダメだし，理論をそのまま持論にしてしまってもダメなのである。理

第4章 リーダーシップ理論の重要性

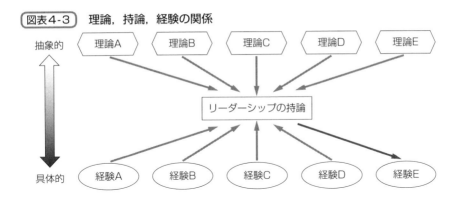

図表4-3 理論，持論，経験の関係

論を自分なりに解釈し，自分の性格・能力や部下の性格・能力，自分や部下が置かれている環境を勘案して持論に当てはめる作業が必要になるのである。

　このように，理論は，そのままでは使えないが，自分の経験からは得られないような考え方やものの見方を提供してくれる。このような考え方やものの見方をうまく応用することができれば，自らの持論をより豊かにすることに役立てることができる。このような効果があるため，第2部以降で，シェアド・リーダーシップの"理論"について詳細に説明を行っていくので，ぜひ読み進めてもらいたい。

　シェアド・リーダーシップ理論による研究は，職場をメンバーの全員がリーダーシップを発揮する状態にするために必要な要因を明らかにしている。ただし，しょせん理論は理論である。研究結果をそのまま実務に用いようとしても，うまくいくことはないだろう。

　しかし一方で，これらの知見を，自らの持論を鍛えるために使おうとすれば，大いに役立つ面がある。これまでの研究によって得られたさまざまな知見は，自らのリーダーシップの発揮や他のメンバーのリーダーシップの発揮のための持論を豊かにするために，さまざまな気づきやきっかけを与えてくれるはずである。

注

1 フィードラー理論については，Fiedler, F. E. and Chemers, M. M. (1967) *A theory of leadership effectiveness*, New York: NY: McGraw-Hill.やFiedler, F. E., Chemers, M. M. and Mahar, L. (1976) *Improving leadership effectiveness: The leader match concept*, New York: NY: John Wiley & Sons.が詳しい。

第2部　シェアド・リーダーシップについて

　リーダーシップ研究の歴史は長く，その中で，さまざまなアプローチによる研究が行われ，さまざまなリーダーシップが効果的なリーダーシップ・スタイルとして提案されてきた。
　しかし，最近になって，これまでのリーダーシップ理論とは全く異なる理論が注目を浴びるようになってきた。それがシェアド・リーダーシップ理論である。
　それ以前のリーダーシップ理論は，職場にリーダーが1人だけいることを前提に，そのリーダーのリーダーシップに焦点を当てている。多くの場合，リーダーは，課長やプロジェクト・リーダーのようなマネジメント的立場にある人を想定している。これらのリーダーが，職場の業績を高めるために，もしくはフォロワーのモチベーションや満足度を高めるために，どのような資質を備えているべきかとか，どのような行動をとるべきか，などといった点に焦点が当てられてきたのである。
　これに対してシェアド・リーダーシップ理論は，マネージャーのように公式的にリーダーシップを発揮することが求められている地位にある人だけでなく，他のメンバー全員がリーダーシップを発揮することができることを前提にしている。そのうえで，職場のメンバーによるリーダーシップ発揮がどのような効果をもたらすのかとか，職場をそのような状態にするために何が必要であるのか，といった点を解明しようとしている。
　シェアド・リーダーシップとはどのようなもので，なぜそれが有効であるかを示すことで，**リーダーシップは誰もが発揮することが求められる**ことを明らかにしたい。シェアド・リーダーシップ，すなわち職場のメンバー全員がリーダーシップを発揮することが，職場の成果を高めることを示すことができれば，誰もがリーダーシップを発揮することの重要性をご理解いただけるだろう。
　そこで，第2部では，シェアド・リーダーシップとは，具体的にどのようなものなのか，また，なぜ有効なのか，という点について説明しよう。

第5章
リーダーシップをシェアするという考え方

シェアド・リーダーシップとは，以下のとおりである。

> 職場のメンバーが必要なときに必要なリーダーシップを発揮し，誰かがリーダーシップを発揮しているときには，他のメンバーはフォロワーシップに徹するような職場の状態

これまでのリーダーシップ理論の多くが，職場において1人の人だけがリーダーシップを発揮することを前提としているのに対して，シェアド・リーダーシップ理論では，職場の全員にリーダーシップがシェアされうることを前提としている。

しかし，ビジネス・パーソンなどの実務家に，リーダーシップが職場でシェアされている状態について話をしても，なかなか理解を得られないことが多い。通常の職場では，職位や，職位に基づく指示命令系統が明確化されているため，リーダーシップをシェアする，という考え方を理解するのが難しいのであろう。

しかし，少し見方を変えれば，どの職場でも多かれ少なかれ，リーダーシップはシェアされており，また，シェアされているほうが職場がうまく機能することが多いことがわかる。

公式的リーダー以外のリーダーシップ

多くの職場では，課長やプロジェクト・リーダーといった公式的なリーダーが決められている。その公式的なリーダーは，リーダーシップの発揮が求められているし，最も目立つリーダーシップを発揮していることが多い。

しかし，リーダーシップを影響力ととらえた場合，影響力を及ぼしているのは，公式的なリーダーだけとは限らない。公式的なリーダーでなくても，職場の業績向上に有益な提案をすることはあるだろうし，また，後輩の面倒を見ることもある。入社したての新入社員でさえ，自らすすんで先輩の手助けをしたり，新しい情報を提供したりすることはあるだろう。そのような行為も，その大きさはともかく，"職場やチームの目標を達成するために他のメンバーに及ぼす影響力" を発揮していることには違いがない。
　このように考えると，多くの職場で，リーダー的な立場にある人以外の人も影響力を発揮していることがわかる。むしろ，上司が部下に対して一方的に指示・命令を行い，部下はそれに従っているだけ，などというところは少数派であろう。**多くの職場では，多かれ少なかれ，公式的なリーダー以外の人も，職場目標の達成に貢献するような影響力を他のメンバーに発揮している**と思われる。

　あるGMS（総合スーパーマーケット）の店舗で，店舗のプロモーション戦略の会議を行っていた。その会議に参加していた１人の店員は，たまたま当該地区にある中学校の社会科教諭の知り合いがいて，中学校の社会科授業とのコラボレーションによるプロモーションを思いついた。

　このような場合，たとえその店員に肩書きがなくても発言をすべきだし，発言の結果，その店舗のプロモーション戦略に重要な影響を及ぼしたとすれば，その店員は，リーダーシップを発揮したことになる。
　部下の発言や行動は，同僚だけでなく，ときには上司にさえも影響を及ぼすことがある。

　ある職場では，新商品のパンフレットをどの業者に決定するのかは，いつも上司が決めている。今度の新商品についても，上司が，３社ほどから相見積もりをとり，最も良さそうな業者を決定することになっていた。
　しかし，部下の１人が，あるパンフレットの訴求力が高くすばらしいと感

じて，そのパンフレットを作成している会社を探したところ，いつも相見積もりをとっている業者とは別の業者であることがわかった。このため，次の相見積もりにその業者を入れることを上司に進言した。

　すると上司は，この部下の進言を聞き入れ，いつもの3社に加えてその業者にもパンフレットの見積もりを依頼することにしたのである。

　この場合，部下はパンフレットの決定に関して公式の権限は持たないが，上司に対して影響力を発揮したことになる。このように，公式の権限を持たない部下が，上司に対して影響力を発揮する，すなわちリーダーシップを発揮することは，実際の仕事の場面ではよく見られることである。

シェアド・リーダーシップとは？

　"リーダー的な地位にない人がリーダーシップを発揮する"という話だけ聞くと，奇異に感じられるかも知れない。しかし，リーダーシップ研究では，それは普通の考え方である。誰の影響力であっても，それが職場の目標達成に向けた影響力であれば，それはリーダーシップである。重要なのは，"職場の目標達成に向けた影響力である"という点であり，それが，誰による影響力であるかは関係がない。

　また，リーダーシップ研究では，リーダーシップを発揮している人をリーダーと呼ぶのであり，その人が，どのような地位に就いているかは関係がない。たとえその人が管理職でなくても，リーダーシップを発揮していれば，その人はリーダーなのである。

　このような考え方は，一見奇妙に思われるが，よくよく現実と照らし合わせてみると，むしろわかりやすい。現実の職場を見てみると，課長とは名ばかりで，ほとんどリーダーシップを発揮していない人もいるであろう。**その人は，役職上のポストは課長であり，また，リーダー的な役職にいることは確かであるが，リーダーではないのである。**逆に，そのようなポストに就いていない人であっても，課長に代わってリーダーシップを発揮している人がいれば，その

人が，その職場ではリーダーである。

このように考えると，課長も含めて，リーダーが不在の職場も中にはあるだろう。逆に，リーダーが複数存在する職場もあるかもしれない。また，職場の中には，複数のリーダーがかち合って，機能不全に陥っているようなところもあるかも知れない。一方で，複数のリーダーが相互に役割分担をし，適切なタイミングで適切なリーダーシップを発揮している職場もあるであろう。

これらの職場のうち，複数のリーダーがうまくかみ合ってリーダーシップを発揮しているような職場の状態をシェアド・リーダーシップと呼ぶのである。

Case

聖路加国際病院のシェアド・リーダーシップのケース[1]

1995年3月20日の午前8時頃に，東京の丸ノ内線，日比谷線で各2編成，千代田線で1編成の計5編成の地下鉄車内で大事件が発生した。神経ガスであるサリンが，オウム真理教の信者によって散布され，乗客や駅員ら12人が死亡し，約6,300人が負傷したのである。世に言う地下鉄サリン事件である。化学兵器によるテロは，日本史上に類がない事件であり，日本のみならず，世界からも大きな注目を浴びた事件であった。

大きな被害の出た築地駅に近い聖路加国際病院は，大量に患者が発生した際にも機能できる病院として設計されており，当時病院長であった日野原重明（ひのはらしげあき）氏の決断により，全患者を受け入れることを決定した。このため，救急車を含むさまざまな交通手段によって大量の患者が押し寄せ，最終的には，その日だけで640人の患者を受け入れることとなった。

患者を受け入れ始めた時点で，何が原因か判明しておらず，対処方法も確定できずにいた。これに加えて，大量の患者が次々押し寄せてくるため，病院はパニック状態に陥ってもおかしくない緊迫感に包まれていた。

この状況で，日野原氏は，病院全体に非常事態宣言を出し，緊急の手術を除き，すべての手術と外来を中止し，全職員が緊急事態に対応するように指示を出した。

聖路加国際病院救急救命センターの医師は，瞳孔収縮やけいれんを起こす患者を診てサリンを疑ったが，解毒剤投与に踏み切れずにいた。もし判断が違っていたら，逆に，深刻な副作用を引き起こす可能性があるからである。そのようなときに，テレビを見て事件を知った信州大学医学部附属病院の院長である柳澤医師から，聖路加国際病院に，「被害者の特徴的な症状からサリンに間違

いない」との連絡が入った。柳澤医師は，松本サリン事件の指揮をとっていたため，そのときの経験を活かしてアドバイスを行ったのである。

　これを聞いた聖路加国際病院の医師たちは，サリン被害を念頭に治療方針を検討し始めた。その後，患者の生理検査結果によって，有機リン酸系毒物による中毒であることを確認し，解毒剤であるPAMの投与を決定した。本来，投薬方針に関する重要な意思決定は内科部長の責任の範囲であるが，患者の様態は刻一刻を争う状態であったため，現場にいる医師たちだけで決定を行った。この決定が功を奏し，実際にPAM投与が始まると，患者の容体は安定に向かったのである。

　治療に大量のPAMが必要とされたが，当時，首都圏でのPAMの在庫がほとんどなかったため，西日本の病院にストックしてあるPAMや，陸上自衛隊衛生補給処にあるPAM，製造元である住友製薬が関西地区に在庫としても持っていたものが，聖路加国際病院を含め各病院に搬送された。

　この時の聖路加国際病院では，事務も混乱していた。患者がどんどん押し寄せるため，通常の事務手続きを行うことができなかった。このため，旧式のシンプルな診療申込書を使用することに決め，スタッフ全員に周知させながら配布を行い，後で，一括して事務処理を行うこととした。さらに，どの患者がどこにいるのかを把握するために，大きな模造紙に，患者の情報を書き出し，全員で模造紙を見て把握することになった。

　これらの対応は，いずれも院長や事務のトップによる命令ではなく，現場で問題が起きたら，その都度，その場にいる人たちが話し合って解決し，それを他に伝えていく，という形でとられた。

　受け入れた640名のうち，心肺停止の状態で運び込まれた人を含む2名が亡くなったが，入院した111人のほとんどが，翌日あるいは3日目くらいまでに退院することとなった。前代未聞の大事件であったにもかかわらず，奇跡的に犠牲者を少数で抑えることができたと言えよう。

このケースからわかること

　病院は，通常，ヒエラルキーがはっきりしており，組織内だけで自己完結する組織である。トップである院長には医師しかなることができないし，また患者の治療方針についても，医師が決め，それに他の治療スタッフが従って作業

を行うのが普通である。さらに，事務方は，治療スタッフが仕事をするためのサポートや治療以外のサービスを患者に対して行う。治療方針について外部からアドバイスを受けたり，薬品卸以外の組織から治療薬の調達を受けたりすることはない。このため，トップ・ダウン的に意思決定が行われることが多い。

しかし，今回の聖路加国際病院でのケースは，組織内のトップ・ダウンによるリーダーシップだけでは，うまく解決しなかったと思われる。柳澤医師が聖路加国際病院に電話をしなければ，サリンを念頭に置いた治療方針に踏み切るのは大幅に遅れたであろう。また，内科の責任者である内科部長の到着を待っていたら，PAMの投与が遅れたかもしれない。薬品卸や製薬会社，自衛隊の協力がなければ，これだけ大量のPAMを一度に病院に搬入することはできなかったであろう。さらに，病院の事務スタッフが，簡単な事務処理法や情報を共有するためのシステムを考え出さなければ，治療現場はもっと混乱したと思われる。

現場にいた人たちは，誰かのリーダーシップに従って行動したのではなく，自ら必要な行動をとったのである。またその行動は，他の人に影響を及ぼしている。柳澤医師の電話は，聖路加国際病院の医師の治療方針に影響を及ぼしているし，事務スタッフの考えた情報共有方法は，それを用いる他のスタッフに影響を及ぼしている。つまり，この件に関わる多くの人たちが，必要なときに必要に応じて，自律的にリーダーシップを発揮しているのである。

もちろん，病院のトップである日野原氏もリーダーシップを発揮している。全員を受け入れるという決断も，非常事態宣言も，日野原氏のリーダーシップによるところである。そもそも日野原氏のリーダーシップがなければ，これだけ多くの患者を救うことはできなかった。

しかし，原因物質をサリンと特定したのも，多くのPAMを集めたのも，簡便な事務処理方法を考え出したのも，日野原氏の決断ではない。その意味では，日野原氏の直接的なリーダーシップではない。

つまり，日野原氏のリーダーシップがなければ，これだけ多くの患者は救えなかったけれども，日野原氏のリーダーシップだけでも，これだけ多くの患者は救えなかったのである。多くの患者を救うことができたのは，日野原氏を含

む全員のリーダーシップ,すなわちシェアド・リーダーシップなのである。

日野原氏は,後日,災害医療について,以下のように語っている。

> 「聖路加の職員は採用時に,医師も看護師も事務の人も,1週間のオリエンテーションの中で救急治療を学びます。心停止があったら蘇生ができるようにして,"私は聖路加の職員だ"というプライドを持ちなさいと言っています。救命というのは医師や看護師だけでなく,全員がすべきだと思います。だから,病院の職員にもそういう教育をしているんです」[2]

これは,すなわち,救命という目標に対して,全員がリーダーシップを発揮しなさい,といっていると言い換えても良いであろう。

この事例のように,典型的なシェアド・リーダーシップの状態になっている職場はまれかもしれない。しかし,まったくシェアド・リーダーシップの状態になっていない職場,すなわち,1人のリーダーが一方向的に影響力を発揮し,他のメンバーはそれに従っているだけ,という職場もまれであろう。どのような職場であっても,程度の差こそあれ,ある程度は,職場のメンバー間でリーダーシップがシェアされているのではないだろうか。

リーダーシップがシェアされている度合いが高い職場は,シェアド・リーダーシップのレベルが高い職場である。逆に,シェアされている度合いが低かったり,複数のリーダーによるリーダーシップがかち合っていたりするような職場は,シェアド・リーダーシップのレベルが低い,ということになる。

シェアド・リーダーシップの必要性

それでは,すべての職場でシェアド・リーダーシップのレベルを高めることが必要となるのであろうか。結論から言えば,それは職場によって異なる。シェアド・リーダーシップの状態となることで,高い成果を出すことができる職場はある。一方で,シェアド・リーダーシップとなったところで,それほど高い成果に結びつかない職場もある。具体的に,どのような職場でシェアド・

リーダーシップの必要性が高いのかについては，第8章で詳述する。

　ただし，多くの職場でリーダーシップがシェアされることが求められていることは指摘しておきたい。そもそも，リーダーの必要性が声高に叫ばれている原因が，現代の組織をめぐる環境が混沌としていることにあるとすれば，そのような時代を，1人の英知だけで乗り切ることが難しいのは自明の理である。なぜなら，リーダー的な地位にある人も含めて，どのような人であっても，組織や職場を取り巻く環境や，職場の状態を完全に把握することはできないからである。まして，新しい創造的な解決策を見いだすために必要な知識・情報を1人の人がすべて知っている，というのは，かなり可能性が薄い前提である。

　いかに優れたリーダーであっても，1人のリーダーだけでは，優れた決断ができないのが現代である。したがって，リーダー的地位にある人だけでなく，職場の他のメンバーが，必要な情報や資源，スキル，能力を持ち寄って，必要な場面でそれらを効果的に用いることで，職場全体に影響力を発揮することが大事なのである。つまり，今日ほど，シェアド・リーダーシップが求められる度合いが高まっている時代はないといえる。

　シェアド・リーダーシップの考え方に立てば，管理職のように，リーダー的な地位にある人は，自らがリーダーシップを発揮するだけでなく，部下がリーダーシップを発揮するように促すことが求められる。つまり，部下にリーダーシップを発揮してもらうように促すためのリーダーシップも必要になる。

　シェアド・リーダーシップ理論は，これまでのリーダーシップ理論とはリーダーシップに対する考え方が全く異なる。それまでのリーダーシップ理論が，リーダーが1人しかいないことを前提にしていたのに対して，"職場の誰もがリーダーシップを発揮できるし，また，発揮したほうが効果的なのだ"という前提で議論が展開されている。一見，奇異に見えるそのような考え方こそ，現代において最も必要な考え方なのである。

注
1 このケースは，高田朝子（2003）『危機対応のエフィカシー・マネジメント—「チーム効力感」がカギを握る』（慶應義塾大学出版会）をもとに，事件に関して報道した新聞各紙の記事を参考にして記されている。なお，著者の高田氏は，このケースについて，チーム効力感や自己組織化などの概念を用いて分析している。
2 週刊『医学界新聞』第2615号2005年1月3日「地下鉄サリン事件における聖路加国際病院の対応と災害医療への提言　日野原重明氏（聖路加国際病院理事長）に聞く」より。

第6章

シェアド・リーダーシップの特徴

　シェアド・リーダーシップについて理解するためには，シェアド・リーダーシップが持つ重要な特徴を理解することが近道である。それは以下の3つである。

　1）全員によるリーダーシップ
　2）全員によるフォロワーシップ
　3）流動的なリーダーとフォロワー

1　全員によるリーダーシップ

　職場のメンバーのそれぞれが，公式的な役職や役割と関係なく，必要なときに必要なリーダーシップを発揮している状態がシェアド・リーダーシップの状態である。それは，職場の目標を達成するために，今，このタイミングで発言することが大事だ，と感じたときに発言することである。また，誰にも指示されていないけれど，職場の目標達成のために，今，この行動をすることが大事だ，と感じたときに行動することである。
　自分が，管理職であろうとなかろうと，正社員であろうとなかろうと関係がない。年齢も性別も学歴も関係がない。ただ，職場の目標達成のために必要な発言・行動を，必要なタイミングでメンバーの誰もが行っているような職場を，シェアド・リーダーシップが発揮されている職場というのである。

1人のリーダーシップと全員によるリーダーシップの違い

　シェアド・リーダーシップを理解しやすいように，職場での影響力を図示したものが**図表6-1**である。図では，影響力の方向を矢印で示している。図中のタイプⅠは，1人のリーダーが一方向的にリーダーシップを発揮している状態を示している。一般的には，図のAが管理職で，B～Eがその部下，ということになるだろう。

　一方，タイプⅡは，矢印が双方となっており，双方向に影響を及ぼしていることを示している。これは，上司が一方向的にリーダーシップを発揮するのではなく，部下も，時と場合によっては，上司に対して建設的な発言をしたり，

図表6-1　職場におけるさまざまな影響力のタイプ

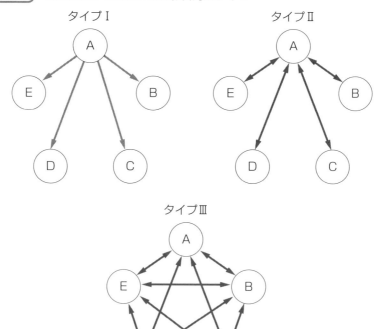

上司の補佐をするような行動を自主的に行ったりすることで，上司に対して影響力を発揮している場合である。上司が一方向的にリーダーシップを発揮するよりは，こちらのほうが効果的であるように思われる。しかし，この場合も，上司が中心となり，上司対部下の関係でのみ，影響力のやりとりが行われている。

　これに対して，タイプⅢは，上司と部下だけでなく，部下の間にも，双方向の影響力が存在することを示している。さらに，タイプⅢの図だけを見ると，誰が上司で誰が部下なのかはっきりしない。シェアド・リーダーシップの考え方からすれば，誰が上司で誰が部下かはそれほど重要ではない。職場の目標を達成するために，最も適したリーダーシップを最も適した人が発揮すればよいのであって，そこに，上司とか部下といった役職は関係しない。

マネジメントとリーダーシップの違い

　「それでは，上司は必要ないのか？」といわれれば，必ずしもそうではない。上司には，マネジメントという役割がある。マネジメントとリーダーシップは同じではない。代表的なマネジメントのテキストの1つであるロビンスとディチェンゾ，コールターの『*Fundamentanls of Management*』は，マネジメントを以下のように定義している[1]。

　　人を通じて，そして人とともに，物事を効率的および効果的に成し遂げるプロセス

そのうえで，マネジメントの重要な役割として以下の4つをあげている。
- 計画すること
- 組織化すること（役割分担や指示命令，報告のルートを決めることなどが含まれる）
- リードすること（従業員をモチベートし，方向を示すことなどが含まれる）

- コントロールすること

　これらの役割は，職場のメンバーがその活動を効率的かつ効果的に行うために必要な役割である。マネジメントを行うためにリーダーシップは必要であるが，リーダーシップだけで職場の活動がすべてうまくいくわけではない。マネジメントが必要となるのである。

　マネジメントのプロセスにおいて，部下から影響力を受けることはあり得る。しかし，第一義的には，これらの役割は上司の役割である。加えて，上司は，職場をシェアド・リーダーシップの状態にするために重要な責任を持つ。したがって，職場をシェアド・リーダーシップの状態にするためにも，また，シェアド・リーダーシップの状態になった後でも，多くの職場は上司を必要とする。

Case

メンバーによるリーダーシップが重要な影響を及ぼしたケース

<u>A：優れたリーダーシップが機能しなかったケース</u>
　中堅の製薬会社である麻生製薬（仮名）の東京支店営業第3課は，課長を含めて6人で構成され，都内城東地区の大手・中堅病院を担当している。第3課は，課長を除くといずれも若手で，最年長に31歳の主任格がいるだけで，後は，20歳代の社員であった。女性が2人で，残りの4人は，課長も含めて男性であった。

　第3課の課長は，この春に着任したばかりの佐々木氏である。それまでの課長は，どちらかというと放任的で，細かい面倒も見ないかわりに，あまり細かく指示も出さないタイプであった。そのような課長のもとで，課員たちは比較的のんびりと仕事をしていた。

　佐々木氏は，それまで名古屋地区を担当していた課長補佐で，優秀な成績を収めて，課長に昇格し，第3課に赴任することになった。課員は，優秀な成績を収めた課長が新たに来る，と聞いたときには，のんびりとした雰囲気が壊されるのではないかと不安も抱いたが，それ以上に，やり手の新しい課長の手腕に期待をしていた。

　佐々木氏は，着任早々，課員の期待通りの仕事ぶりを発揮した。会議では，会社全体のビジョンや戦略を示し，それに基づいた課の戦略を提示した。一方

で，目標を一方的に押しつけるわけではなく，戦略に基づいた目標を部下それぞれに立てさせ，部下が立てた目標をベースに，話し合いによって最終的な目標を決定していた。

　仕事のやり方についても，いちいち細かくチェックをするのではなく，やり方は任せ，重要な報告だけを受ける，という形であった。ただし，問題があるときにはフォローしたり，課員に代わって対応したりしていた。

　また，事務的な会議だけでなく，勉強会も定期的に開いた。相互に事例を発表して情報共有をしたり，佐々木氏が，これまで築き上げてきた営業手法を，部下に伝授したりした。時には，働くことの意義や大切さを熱く語ることもあった。

　さらに，個別に伸び悩んでいる部下がいた場合，部下につきっきりで指導したり，問題が発生した場合には，フォローをしたりした。

　このような課長の活躍で，当初課員は，気持ちを高ぶらせ，大いにモチベーションを上げるようになった。しかし，しばらくすると，別の現象が現れるようになってきた。課員が，ことあるごとに，課長を頼るようになったのである。

　例えば，この兆候は，ある病院からのクレーム処理に典型的に表れていた。その病院は規模が大きいため，課長と1人の課員が共同で担当していた。ある日，その病院の医師から担当の課員あてに，副作用情報の提供依頼が届いた。このため，その課員は，同じ支店に在籍する学術担当者にそのことを伝え，その医師に直接郵送するよう依頼をした。

　ところが，その学術担当者が資料を郵送することを忘れており，クレームの電話が，その医師から課員に入ったのである。しかし，その課員は，そのクレームが入ったことを課長に伝えただけで，自ら何の対応もしようとしなかった。このため，再度のクレームが，今度は，課長である佐々木氏あてに直接入ったのである。

　佐々木氏は，その課員が副作用情報を依頼されていることを知っていたが，学術担当者とのやりとりは当該課員がしているものとばかり考えており，その進捗状況を細かくチェックしていなかった。また，クレームが入ったことも知っていたが，すぐに，その課員が対処するものとばかり思っていた。

　一方の課員は，学術担当者に依頼していることは佐々木氏も知っているのだから，その後のフォローは佐々木氏がしてくれるものとばかり考えていた。また，クレームが入ったことも佐々木氏に伝えてあるし，その病院は佐々木氏と共同担当なのだから，佐々木氏が対処してくれるものとばかり考えていた。

　このようなことは，今回ばかりではなかった。課員は何かと佐々木氏を頼り，自ら判断したり行動したりすることを怠るようになってきたのである。佐々木

氏は，このような課の状況を見て，自分が課長として発揮していたリーダーシップに問題があったのではないかと感じ始めていた。

<u>B：全員によるリーダーシップが機能したケース</u>
　大手化学会社であるマウディ化学（仮名）の生産技術センターは，マウディ化学が持つ独自の技術を，他の製品や事業に活かすための研究を行っている。センターに所属する研究員の数は200名を超え，センター長の下に主席研究員や主任研究員のポストが置かれていた。しかし，組織構造はフラットで，すべて，チーム単位で研究が行われていた。このため，すべての研究員は，3～15人で構成される研究チームのどこかに所属していた。
　これらのチームの中で高い成果を上げているチームがある。それが，岩田氏が率いるチームである。岩田氏のチームは，マウディ化学が持つ表面技術を他の製品に活かすことを可能にする新しい加工方法を開発し，特許を取得していた。これに加えて，より効率性が高い加工方法の確立につながる研究成果も徐々に出し始めていた。これらが実用化されれば，マウディ化学の新しい事業への進出につながると考えられていた。
　岩田氏は，国立大学の化学系の修士課程を修了し，同社に新卒として入社した。入社後すぐに同センターに配属され，以来，同センターのさまざまな研究チームに所属してきた。岩田氏はどのチームでも優れた成果を残し，2年前に，現在のチームのリーダーを任されている。同期の中で最初にチーム・リーダーになった数名のうちの1人である。
　岩田氏は真面目な性格で，寡黙にコツコツと研究に取り組むタイプである。一度研究に集中し始めると，他のことには気が回らなくなり，寝食を忘れて研究に取り組んでいた。
　しかし，他のメンバーには，自分の研究スタイルを押しつけず，比較的自由にやらせていた。このため，他のメンバーは，思い思いのペースで研究を行っていた。
　一方，岩田氏は，研究者として優れた実績を残していたため，他のメンバーは，多かれ少なかれ，研究者としての岩田氏にあこがれており，必要に応じてアドバイスをもらいに行っていた。岩田氏は，自分のほうからアドバイスをすることはなかったが，メンバーから求められれば，時間を割いてアドバイスを行っていた。
　研究所はフレックスタイムであるため，メンバーそれぞれの出社時間が異なっていた。ただし，週に一度は，用事がなくても一緒に食事をとり，そこで，各自の研究の進捗状況のすり合わせから，インフォーマルな話まで，自由に話を

するようにしていた。誰が言い出すわけでもなく，いつの間にかこのような時間がとられるようになっていた。

　研究活動については，メンバー間で役割分担がなされていたため，原則的には各自が個別に進めていた。しかし，何か重要な進捗があったり，大きな問題が生じたりした場合は，岩田氏も含めてみんなが集まり，情報を共有したり，問題解決の方法を検討したり，次のテーマを考えたりしていた。

　また，全員が同じ部屋で活動を行っていることもあり，誰かが声を上げると，自然に集まる習慣ができあがっていた。これも，誰が言い出したわけでもなく，自然にそのような習慣となっていた。

　ある日も，メンバーの1人が，ある物質の性質が安定しないことに悩み，隣に座っていたメンバーに話し始めた。それを聞きつけた他のメンバーが集まってきて議論が始まった。あるメンバーは，自分が以前に読んだ論文に解決方法があるかも知れないと考え，その論文を持ってきた。別のメンバーは，自分が以前の研究で行った前処理を行うと安定するかも知れないと考えアドバイスを行った。

　メンバー全員で，ああでもない，こうでもない，という議論がしばらく続いた後，あるメンバーが学会で聞きつけた方法を試そうということになり，実際に試したところ，うまくいったのである。

　一緒になって議論に参加していた岩田氏は，みんなで議論している様子を見て，安心感にも似た笑みを一瞬見せたが，うまくいったという報告を受けて，また，何事もなかったかのように自分の席に戻っていった。

ケースからわかること

　Aのケースの佐々木氏は，優れたリーダーシップを発揮していたと考えられる。佐々木氏のリーダーシップは，バスが提唱した変革型リーダーシップに近い[2]。変革型リーダーシップとは，フォロワーにビジョンを示し，新しいやり方を提示し，働くことの意義を伝え，個別に育成を行うリーダーシップである。佐々木氏は，これらの行動をすべて行っていた。

　変革型リーダーシップは，カリスマ型リーダーシップに非常に似ていると言われており，最近のリーダーシップ研究の中でも最も注目度が高いリーダーシップである。その有効性は，欧米のみならず世界中で確認されている[3]。つ

まり，佐々木氏は，多くのリーダーシップ研究が優れていると認めるリーダーシップを発揮していたのである。

それにもかかわらず，営業第3課の課員は，佐々木氏に頼りすぎ，自ら考え，自ら行動を起こそうとしていない。課員は，自らリーダーシップを発揮しようとしていないのである。

佐々木氏が，あまりにも優れたリーダーシップを発揮しているためなのか，もともとリーダーシップを発揮しようという意欲が低かったのかはわからないが，課員は，自らリーダーシップを発揮しようとしていない。いくら佐々木氏が優れたリーダーシップを発揮したとしても，この状態では，課として優れた営業成績を上げることは難しそうである。

一方のBのケースの岩田氏は，これといったリーダーシップを発揮していないように見える。確かに，他のメンバーからの相談に乗ったり，みんなで議論するときには一緒に参加したりするなど，他のメンバーと同程度のリーダーシップは発揮していたように見える。しかし，Aのケースの佐々木氏のような目立ったリーダーシップは発揮していない。

一方で，チーム・メンバーは，それぞれが，必要なリーダーシップを発揮している。週に一度の昼食会は，岩田氏に言われたわけではなく，自然に行われるようになったようである。意図したかどうかは別にして，メンバーの誰かが始めたことを，その他のメンバーが追随したのであろう。これらのことを始めた人は，その時点で，リーダーシップを発揮していたと言えよう。

また，仕事中に突然議論を始める習慣も，誰かが始め，それに他のメンバーが追随したのであろう。この習慣を始めた人も，その時点でリーダーシップを発揮したと言える。さらに，毎回の議論についても，それを始めるきっかけの発言をした人は，その時点でリーダーシップを発揮している。それに対して，効果的な発言をする人がいて，皆がその発言に納得するようであれば，その発言をした人が，その時点ではリーダーシップを発揮したことになる。

つまり，岩田氏のチームでは，岩田氏も含めて，すべてのメンバーが，必要なときに必要なリーダーシップを発揮しているのである。このような状態であることが，岩田氏のチームの成果を高めている要因の1つであろう。

このように考えると，職場やチームの成果を高めるためには，優秀な1人のリーダーが一方向的にリーダーシップを発揮しているだけでなく，他のメンバーも必要に応じてリーダーシップを発揮することが必要であることがわかる。

2　全員によるフォロワーシップ

シェアド・リーダーシップの2つ目の重要な特徴は，誰かがリーダーシップを発揮しており，それが適切であると感じたときには，他のメンバーはフォロワーシップに徹する，という点である。フォロワーシップとは，他の人によって発揮されているリーダーシップを受け入れたり，従ったりする行動もしくは役割である。

シェアド・リーダーシップに限らず，あらゆるリーダーシップは，フォロワーに受け入れられて初めて効果が生まれる。どのようなすばらしい発言をしても，どのようなすばらしい行動をしたとしても，フォロワーに受け入れられなければ，それは，単なる自己満足にすぎない。

シェアド・リーダーシップも同様である。それは，それぞれのメンバーが，他のメンバーを無視して，思い思いに勝手に行動している状態ではない。そうではなく，誰かがリーダーシップを発揮しようとしているとき，他のメンバーがフォロワーシップを発揮して支えている状態である。たとえ上司の立場であっても，部下が適切なリーダーシップを発揮していると判断される場合は，フォロワーシップに徹することが必要となる。

フォロワーシップの重要性

リーダーシップについて議論をしている際に忘れがちになるのが，フォロワーシップに関する議論である。同じリーダーシップであっても，フォロワーシップによってその効果は大きく異なる。それにもかかわらず，これまでの研究の多くは，フォロワーシップについて言及を行っていないのである。

しかし，シェアド・リーダーシップを考える際には，フォロワーシップにつ

いての議論は避けて通れない。なぜなら，メンバー全員によるリーダーシップがうまく効果を生み出すためには，リーダーシップとフォロワーシップがうまく組み合わさることが必要となるからである。

　それでは，シェアド・リーダーシップでは，どのようなフォロワーシップが求められるのであろうか？　フォロワーシップを検討する際には，ケリーによるフォロワーの分類が参考になる[4]。ケリーは，積極的－消極的という軸と独立的・批判的－依存的・無批判的という軸を用いて，フォロワーを分類している。積極的－消極的の軸は，フォロワーとしての役割を積極的に果たそうとしているかどうかの程度を示している。一方の独立的・批判的－依存的・無批判的の軸は，フォロワーとして自ら考えようとしているレベルを示している。この2軸によって分類されたのが，独自フォロワー（Alienated followers），受け身フォロワー（Passive followers），順応的フォロワー（Conformist followers），模範的フォロワー（Exemplary followers）の4つである（**図表6-2**）[5]。

　独自フォロワーとは，独立的・批判的であり，なおかつ消極的なフォロワーである。このタイプは，自分独自で判断し行動するフォロワーで，どのようなリーダーにもコミットしようとしないフォロワーである。必要最小限しかリー

図表6-2　ケリーによるフォロワーの分類

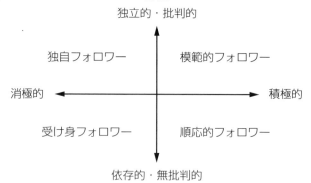

出所：Kelley（1992）より筆者が訳出。

ダーに従わず，原則的には，自分1人で仕事をしてしまうようなタイプの人である。

　受け身フォロワーとは，依存的・無批判的であり，なおかつ消極的なフォロワーである。指示通りに行動するけれど，自分で独自に考えたり，積極的に行動したりすることのないフォロワーである。リーダーシップに対して，その影響を受け入れようという意思はある。しかし，積極的と言うよりも，仕方なく，もしくは何も考えずに受け入れるタイプである。いわゆる指示待ち族がこれに当たる。

　順応的フォロワーとは，依存的・無批判的であり，なおかつ積極的なフォロワーである。このタイプは，受け身フォロワーよりは，積極的に動こうとする人である。リーダーの意図をくみ取り，指示されたこと以上の課題にも取り組もうとする。ただし，リーダーの意図に疑問を感じたり，リーダーに異議を申し立てたりするようなことはしない。リーダーから見ると，仕事ができる使いやすいフォロワー，ということになるかも知れない。

　模範的フォロワーとは，独立的・批判的であり，なおかつ積極的なフォロワーである。このタイプは，積極的に仕事に取り組み，自ら考えようとしているフォロワーである。この人たちは，チームや職場の目標に対するコミットメントが高い。また，リーダーに言われるだけでなく，自分でも積極的に考える。このため，自分たちが問題であると感じれば，リーダーに対しても異議を唱えることもある。

　これらのうち，模範的フォロワーが発揮しているフォロワーシップ，すなわち模範的フォロワーシップが，シェアド・リーダーシップにおいて発揮されているフォロワーシップである。シェアド・リーダーシップとは，誰かがリーダーシップを発揮しているときに，他のメンバーが勝手に動いている状態ではない。また，他のメンバーが，ただリーダーシップに従っているだけの状態でもない。そうではなく，他のメンバーも職場の目標にコミットし，その活動に積極的に関わり，一方的にリーダーシップに従うだけではなく，自ら考え，場合によっては，異議を唱えるような職場の状態である。

　このように，シェアド・リーダーシップとは，リーダーシップをとるのがふ

さわしい人がリーダーシップを発揮し，その瞬間は，他のメンバーが模範的なフォロワーシップに徹しているような職場の状態をいうのである。

> **Case**

メンバーによるフォロワーシップが重要な影響を及ぼしたケース

<u>C：フォロワーシップを誰も発揮しなかったケース</u>

　中堅化粧品会社であるカンター（仮名）の京都営業所では，所長である仲田を中心に，営業担当者6名が，営業所独自の秋に向けたプロモーション戦略を検討していた。カンターは，比較的自由な社風で，営業所独自のキャンペーンやプロモーションを打つことが奨励されていた。この秋も，全社的なキャンペーンが実施されるものの，これに加えて，京都営業所独自のプロモーションを打つことが検討されていたのである。

　ある会議で，営業担当者の1人である宍戸は，以下のような提案を行った。

　「私が担当している地区にある女子大の教授と，たまたま個人的なコネクションがあります。その先生を通じて，女子大生にカンターの化粧品を試してもらい，その感想をリーフレットに載せれば，本社で作成したリーフレットよりも，購買者の親近感が増すリーフレットになるのではないでしょうか。また，われわれがメインのターゲットとしている若年女性の生の声を聞く機会にもなると思います」

　この会議では，宍戸の提案が認められ，宍戸と同僚の徳田が，後日，女子大教授を訪ね，プロモーション戦略の協力依頼に行くことになった。ところが，大学を訪ねる当日になって，宍戸の都合が悪かったため，徳田が1人で，その教授を訪ねることとなった。

　後日の会議で徳田は，そのときのことを以下のとおり報告した。

　「教授とお目にかかったのですが，教授からは，『単に試してもらうだけではインパクトが弱いので，女子大生とコラボレーションをして，独自のプロモーション戦略を学生に考えさせてはどうか』という提案を受けました。教授のご専門もマーケティングでしたので，学生の教育にもなりますし，話題づくりにもなるかと考え，その方向で話を進めるようお願いしてきました」

　これを聞いた宍戸は，内心面白くなかった。その教授とコネクションを持っていたのは自分であるにもかかわらず，自分に断りもなく，勝手に企画を変更されてしまったからである。

そこで，宍戸は，他のメンバーには内緒で女子大の教授を訪ね，徳田の企画ではなく，自分が当初考えていた企画に乗ってもらうよう説得することにした。

このような状況の中，別の営業担当者である小西は，これとは別の動きをしていた。大学とコラボする，という宍戸の発案に刺激を受け，自分がコネクションを持っている大規模な総合大学の職員と話を進めようとしていたのである。具体的には，学園祭の期間にコーナーを出店させてもらい，そこで無料サンプルを配布し，アンケートをとる企画を進めようとしていた。

このような所員の状況を見て，所長の仲田氏は悩んでいた。

「うちの所員は，みんなやる気もあるし優秀なのに，なぜ，お互いに協力しようという雰囲気が生まれないのだろうか？」

D：フォロワーシップが機能したケース

西部銀行（仮名）は，県では2番目の規模を誇る地方銀行であった。その支店の1つである多田支店は郊外に位置しており，その顧客は，主に商店主や個人であった。

支店には，支店長を含め12名が所属していた。毎月末には，支店の全行員を集まり会議を行っていた。会議では，預金獲得高や融資残高などの業務的な報告も行われたが，それ以外に，支店のプロモーションに関わる発言も自由に行われていた。

ある日の会議において，女子行員の1人から，支店の模様替えが提案された。多田支店は郊外に位置することもあり，来店客の7割が女性である。このため，女性が安心して入店できるような内装にしたほうが良い，という提案である。

この提案は，多くの行員からの賛同を受け，具体的にどのような内装にするのか，コストをかけずに模様替えをするのにどのような方法があるのか，などについて，話し合われるようになった。その結果，店内は優しいトーンの壁紙に変更がなされ，花が飾られるようになった。

しばらくすると，やはり月末会議において，別の男性行員から，サービス品について疑問が提示された。支店で配られているサービス品は，本社から供給されているティッシュや食器類だが，顧客は，本当にそれを喜んでいるのだろうか，という疑問である。これに対して，主婦でもある行員が，ティッシュや食器類も良いが，どこの支店でももらえるようなものよりも，オリジナルなものをもらったほうがうれしい，との発言を行った。

これをきっかけに，どのようなサービス品を配布するかについて支店内で話し合いが行われるようになった。結局，別の行員の提案で，支店長も含めて全員が1つずつアイデアを出し，支店内コンペを行おう，ということになった。

さらに，別の月末会議では，待ち時間が長いことに顧客が不満を抱いていることも話題になった。これに対して，ある行員が，読んで役に立つような地域情報を集めたリーフレットを配布すれば，待ち時間を短く感じさせることができるのではないか，という提案を行った。
　これも，多くの行員からの賛同を受け，さっそく実行に移すことになった。全行員が手分けをして，役に立ちそうな情報やちょっとしたおもしろ情報などを集め，リーフレットを作成することになった。
　このリーフレットは，地元情報が載っているため，とりわけ主婦層や商店主には好評であった。また，情報を集めるプロセスにおいて，支店の営業に役立つ情報も得ることができ，支店としては一石二鳥であった。

ケースからわかること

　Cのケースの京都営業所には，優秀でモチベーションが高い営業担当者がそろっている。しかも，それぞれがリーダーシップを発揮しようとしている。それにもかかわらず，職場として高い成果を上げることが難しいように見える。職場として成果を上げるためには，メンバー間で連携・協力をすることが必要である。それが，京都営業所には見られない。
　京都営業所のような職場は，シェアド・リーダーシップの状態とは言えない。確かに，誰もがリーダーシップを発揮しようとしている。しかし，誰もフォロワーシップを発揮しようとしていない。もしくは，ケリーのフォロワーの類型で言えば，みなが独自フォロワーになっており，誰も模範的フォロワーシップを発揮しようとしていない。
　リーダーシップは，"影響力"であるから，他のメンバーに受け入れられて初めて効果を発揮するものである。他のメンバーが受け入れようとしないにもかかわらず，一方的にリーダーシップを発揮しようとしている状態は，リーダーシップを"発揮しようとしている状態"ではあるものの，リーダーシップを"発揮している状態"ではない。京都営業所の営業担当者たちは，リーダーシップを発揮しようとしてはいるが，実際には発揮していないのである。
　これに対してDのケースの支店では，誰かが提案をすると，他のメンバーは

それを受け入れ，さらにその提案を良くする提案をしている。誰かがリーダーシップを発揮したときには，他のメンバーは模範的なフォロワーシップを発揮しているのである。

また，提案は常に同じ人がしているわけではない。会議によって，問題を提示したり，解決策を提案したりする人は異なる。その都度，誰かがリーダーシップを発揮すれば，それ以外のメンバーは，模範的なフォロワーシップに徹するのである。

リーダーシップに対するフォロワーシップがしっかりしているから，多田支店では，行員同士の協力・連携がうまくとれており，行員全員で支店の成果を高めようという雰囲気ができあがっている。このような状態が，シェアド・リーダーシップである。

なお，リーダーシップを受け入れる，というのは，ただ単に，リーダーの指示や命令通りに行動する，ということではない。多田支店の行員を見ても，無条件に指示や提案に従っているわけではない。リーダーシップを発揮している行員の発言を理解し，自分の中で何が正しく何が正しくないか判断したうえで，自分の意見を乗せて発言をしている。

受け入れる，というのは，一度，その人のリーダーシップを受け止め，理解し，そのうえで自らの判断で従うかどうかを決めることである。必要があれば，さらなる提案をすることもあるであろう。それが，ケリーの言うところの模範的フォロワーシップである。

無条件で従うのは順応的フォロワーシップだし，逆に，最初から聞き入れようとしなかったり，無条件で反対したりするのは独自的フォロワーシップである。どちらも，リーダーシップを"受け入れる"という行動ではない。シェアド・リーダーシップの状態になるためには，誰かがリーダーシップを発揮しようとしているときには，その他の人は，模範的なフォロワーシップに徹する必要がある。そのときには，まず，リーダーシップを"受け入れる"ことが必要となるのである。

3 流動的なリーダーとフォロワー

　シェアド・リーダーシップの3つ目の特徴が，リーダーとフォロワーの流動性である。誰もがリーダーシップを発揮し，誰もがフォロワーシップに徹するようなチームや職場は，必然的にリーダーとフォロワーが固定していない。固定していると，誰もがリーダーシップやフォロワーシップを発揮することができないからである。

リーダーとフォロワーの入れ替わり

　リーダーシップは，その場で最も効果的な影響力を発揮できる人が発揮をすればよい。その人がリーダーシップを発揮しているときには，他のメンバーは模範的なフォロワーシップに徹する。場面が変わり，別の人が持っている情報や能力が役に立つようになれば，その人が代わってリーダーシップを発揮する。その際には，前にリーダーシップを発揮していた人は，模範的なフォロワーになる。このような入れ替わりが行われている状態がシェアド・リーダーシップである。

　仕事環境の曖昧さが高い場合は，リーダーとフォロワーの入れ替えは速くなる。曖昧な状況では，どのような情報や能力が効果的であるのかが明確でない。このため，試行錯誤を素早く繰り返しながら適切なやり方を求めていく必要があるからである。

　図表6-3は，リーダーシップとフォロワーシップが入れ替わる様子を図示したものである。状態Xでは，Aが最も適切な能力・情報を持っているため，Aがリーダーシップを発揮し，B〜Eはフォロワーシップに徹している。しかし，状態Xが状態Yに変わることで，Bのほうが適切な能力・情報を有することになった。その場合は，Bがリーダーシップを発揮し，Aも含めて他のメンバーはフォロワーシップに徹するのである。この後も，状態Yが状態Zに変わり，Bのリーダーシップが有効に機能しなくなったら，リーダーシップもフォロ

第6章 シェアド・リーダーシップの特徴

図表6-3 リーダーとフォロワーの入れ替わり

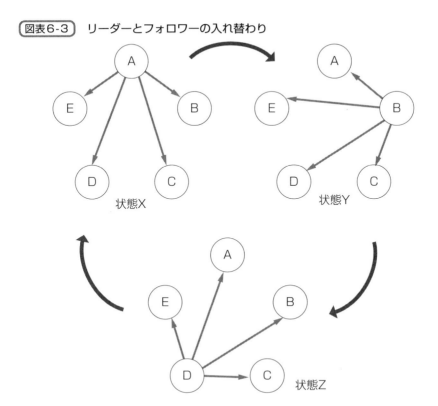

ワーシップも交替することになる。

　このように，状態や試行錯誤のプロセスに応じて，次々とリーダーシップとフォロワーシップが変化することがシェアド・リーダーシップなのである。実際には，この図のように，順繰りに交替する，というよりは，フレキシブルに交替することになる。また，環境の曖昧さが高いときには，素早い試行錯誤が必要となるため，その交替は目まぐるしくなる。

Case

リーダーとフォロワーの流動性が重要な影響を及ぼしたケース

E：リーダーとフォロワーの流動性が機能しているケース

　ローラー（仮名）は，従業員数が1,000人強の中堅の工作機械メーカーである。ローラーの人事課は7人で構成されており，賃金関係，労使関係，雇用関係，および教育関係の仕事を，それぞれが分担して担当している。ただし，7人しかいない小さな部署であるため，時期によって人手が足りないような場合は，相互に協力し合ってやりくりをしていた。また，大きな問題が生じたときや新しい課題に取り組むときは，全員で集まり，みんなで知恵を出し合っていた。

　最近，景気が上向きになってきたことに伴い，工作機械の受注も順調に伸び，その結果，人手不足が問題になりつつあった。このため，次年度の新卒採用では，これまでよりも多めの新入社員を獲得する必要があった。

　一方で，景気が上向いたことで売り手市場となり，優秀な新入社員を一定数確保するのが難しい状況でもあった。工作機械業界のようにB to B業界にある企業は，学生による知名度が低く，どこも応募者を集めるのに苦労していた。ローラーのように，業界の中堅ともなると，なおのこと厳しい状況であった。

　このため，人事課では，全員が集まり，次年度の新卒募集のための有効な対策について知恵を出し合うことになった。

　人事課長「新卒採用は，本来，川又くんの担当だが，この厳しい状況を考えれば，人事課全体，ひいては，ローラー全体の業績にも関わる重要な問題だ。今日は，有効な策を練るために，みんなで知恵を出し合うことにしたい」

　川又「是非，アドバイスをください。毎年，主要な業者のWebサイトには募集を出しているのですが，年々，会社説明会への参加者が減って困っています」

　守泉「大学のキャリアセンターにはお願いしているのですか？」

　川又「主要な大学のキャリアセンターには顔を出して，ご挨拶はさせてもらっています。また，いくつかの大学では，学内で説明会もやらせてもらっています」

　加藤「私が聞いた話ですと，採用時期のピークを過ぎても決まらない学生がいると，キャリアセンターが個別に学生と会社とつないでくれることがあるようです」

村神「その話なら，私も知っています。その大学の学生限定で募集をすると，その会社に興味のある学生を紹介してくれるそうです」
守泉「それって良さそうではないですか」
横内「でも，それでは，あまり優秀な学生が応募してこないのではないですか」
川又「確かに，いくら数が集まっても，優秀な学生でなければ困りますね」
加藤「その懸念はありますね。でも，とても真面目で優秀だけれども，就職活動の波にうまく乗れない学生も結構いるようです。そのような学生が応募してくれれば，良いと思うのですが」
守泉「うちみたいに，派手さはないけれど，コツコツと真面目にやっている会社には，そのような学生の方が合うかも知れませんね」
丸子「それでは，大学限定の募集を出している会社に，応募の様子などを聞いてみたらいかがですか？ 他社の状況を聞いてから始めても遅くはないですよ」
川又「同業他社ですと聞きづらい面もあるのですが，幸い，他業界の採用担当者にもネットワークがあるので，聞いてみます」
村神「それでは，川又さんに，他社の状況について情報を集めてもらい，その情報をもとに再度判断する，ということでいかがでしょうか？ 異存がある人はいますか？ 課長はいかがですか？」
課長「そうだね。まずは，川又くんに情報を集めてもらうのがよさそうだね」
川又「わかりました。では，情報が集まったら，再度，皆さんに相談させていただきます」

ケースからわかること

　会議は，課長の言葉から始まっている。その時点では，課長がリーダーシップを発揮している。しかし，いざ会議が始まると，アイデアを出すのは課長ばかりではない。

　例えば，最初に大学のキャリアセンターに目を付けたのは守泉氏である。この時点では，守泉氏がリーダーシップを発揮していると言えよう。

　しかし，その後，キャリアセンターを通じて，大学限定で募集をかける，という話を出してきたのは加藤氏と村神氏である。加藤氏と村神氏は，守泉氏のリーダーシップに引きずられる形でリーダーシップを発揮している。この時点

で，守泉氏も賛意を示しており，守泉氏はフォロワーシップに徹していることになる。

　次に発言したのは，横内氏である。加藤氏と村神氏の提案に対する懸念である。意思決定を行ううえで，主流の考え方に対する異論を挟むことも重要である。なぜなら，大勢に流されて意思決定をしてしまうと，少数派の意見が無視されたり，情報が十分に集められなかったり，さらには，リスクについて十分な検討がなされなかったりした状態のまま，その場の勢いだけで意思決定されてしまうことがあるからである。**このような状態で誤った意思決定をしてしまうことをグループシンクという**[6]。

　横内氏の発言は，グループシンクを避けるために，重要なリーダーシップを発揮していると言えよう。横内氏の発言に対して，川又氏も加藤氏も守泉氏も，それぞれ意見を表明している。その意味では，横内氏の発言に対してフォロワーシップに徹していると言えよう。

　その後，丸子氏は，情報を集めてから再度検討する，という新しい案を提案している。これは，横内氏のリーダーシップに触発されて，リーダーシップを発揮していると言える。その後，村神氏の発言などで会議は収束に向かうが，これらの発言も，丸子氏のリーダーシップの影響を受けていると言えよう。

　この例のように，誰かがリーダーシップを発揮しているときは，それ以外の人は，フォロワーシップに徹する，という状態が，シェアド・リーダーシップである。また，1人の人がリーダーシップをとり続けるのではなく，別の人がリーダーシップを発揮すべきときが来たら，その人がリーダーシップを発揮し，それまでの人はフォロワーシップに徹するような状態がシェアド・リーダーシップである。当初，リーダーシップを発揮していた村神氏が，横内氏の発言を受けて，フォロワーシップに徹するような形である。

　このように，リーダーとフォロワーが必要に応じて流動的に入れ替わることができれば，誰かの独善的なリーダーシップによって物事が決まったり，その場の雰囲気だけで流されてしまったりする可能性が低まる。このような状態を避けることができれば，みんなで間違った意思決定をしてしまうグループシンクを避けることができるのである。

注■

1 Robbins, S. P., Decenzo, D. A. and Coulter, M.（2012）*Fundamentals of Management : Essential Concepts and Applications, eighth edition*, PEARSON.（髙木晴夫監訳（2014）『マネジメント入門』ダイヤモンド社）。

2 バスの変革型リーダーシップについては，Bass, B. M.（1985）*Leadership and Performance beyond Expectation*, New York: Free Press.やBass, B. M. and Avolio, B. J.（1994）*Improving Organizational Effectiveness through Transformational Leadership*, Thousand Oaks, CA: SageSate.に詳しい。

3 例えばCavazotte, F., Moreno, V. and Hickmann, M.（2012）"Effects of leader intelligence, personality and emotional intelligence on transformational leadership and managerial performance," *Leadership Quarterly*, 23, 3 443-455.やGumusluoglu, L. and Ilsev, A.（2009）"Transformational leadership, creativity, and organizational innovation," *Journal of Business Research*, 62, 4 461-473., Walumbwa, F. O., Lawler, J. J. and Avolio, B. J.（2007）"Leadership, Individual Differences, and Work-related Attitudes: A Cross-Culture Investigation," *Applied Psychology: An International Review*, 56, 2 212-230.など。なお，筆者は，石川淳（2009）「変革型リーダーシップが研究開発チームの業績に及ぼす影響：変革型リーダーシップの正の側面と負の側面」『組織科学』43, 2 97-112.によって，日本企業の研究開発チームでも変革型リーダーシップが有効であることを確認している。

4 Kelley, R.E.（1992）*The power of followership*. New York: NY: Doubleday.（牧野昇監訳『指導力革命』プレジデント社）を参考にしている。

5 ケリーは，これ以外に，実践的サバイバーがいることを指摘している。これらの人は，この4つの分類のちょうど真ん中くらいに位置し，バランスを取ることによって組織の中で生き残ろうとしている人たちである。

6 グループシンクについては，Janis, I. L.（1982）*Groupthink: Psychological Studies of Policy Decisions and Fiascoes*（2 nd ed.）, Boston: Houghton Mifflin. が詳しい。

第7章
シェアド・リーダーシップの効果

　多くの研究が，シェアド・リーダーシップが効果的であることを示している。例えば，変革型リーダーシップやオーセンティック・リーダーシップの研究でも著名なアボリオらは，シェアド・リーダーシップがチーム効力感やチームの凝集性，メンバー間の信頼感などに影響していることを実証している[1]。なお，アボリオらは，シェアド・リーダーシップを測定するための尺度であるTMLQ（Team Multifactor Leadership Questionnaire）を開発し，これを用いて実証している。

　また，リーダーシップ研究者のカーソンらも，シェアド・リーダーシップがチームの成果にプラスの影響を及ぼすことを明らかにしている。カーソンらは，アボリオらと異なり，シェアド・リーダーシップをチーム内のリーダーシップのネットワークととらえ，ネットワーク研究で用いる尺度を用いて，シェアド・リーダーシップの効果を検証している[2]。

　日本では，筆者がカーソンらと同じ尺度を用いて，研究開発チームのシェアド・リーダーシップの効果を検証している。その結果，仕事の複雑さによって違いはあるものの，シェアド・リーダーシップはチームの研究成果に正の影響を及ぼすことが明らかにされている[3]。なお，仕事の複雑性が高い場合は，シェアド・リーダーシップはより強い効果を発揮していた。

　これらを含め，多くの先行研究の結果をまとめると，シェアド・リーダーシップは，以下に対して効果的であると言える。

1）職場のメンバーの職務態度
2）職場のメンバーのモチベーション
3）職場にもたらされる能力や情報量
4）職場の成果

職務態度

　一般的に用いられる"態度"という概念と，組織行動論という研究分野で用いられる"態度"は，やや意味合いが異なる。一般的には，人の動作や表情などの外面に現れた様子を指すことが多い。「あの人は態度が悪い」という場合は，その人の動作や表情が不快感を感じさせることを指すし，「あの人の態度がおかしかった」というと，その人の挙動が不審であったことを示す。

　これに対して組織行動論上の"態度"は，ある対象物や人や出来事に関して，その人がどのように評価しているかを表す。「○○という歌手が好きだ」とか「△△という食べ物が嫌いだ」とか「××という政党を応援している」といった表現は，これらの人や対象物に対するその人の態度を示していることになる。

　職務態度とは，職務そのものや職務環境に対する態度である。「この仕事が好きだ」とか「今の上司とはそりが合わない」などの言明は，その人の職務態度に関する表明だと言える。

　職務態度にはさまざまなものがある。その中で代表的なものが職務満足と組織コミットメントである。しかし，それ以外にも，組織行動論の研究で扱われる職務態度として，組織サポート感や心理的エンパワーメントなど数多くある（図表7-1参照）。ただし，すべての職務態度について説明することはできないので，本書では，代表的な職務態度である職務満足と組織コミットメントを取り上げ，シェアド・リーダーシップとの関係を説明する。

職務満足・組織コミットメントとシェアド・リーダーシップ

　職務満足とは，仕事や仕事環境に対する満足度のことである。職務満足には，4つの種類があるといわれている。仕事そのものに対する満足度，職場の人間関係に対する満足度，職場の物理的環境に対する満足度，報酬に対する満足度の4つである。

図表7-1　代表的な職務態度

職務満足 (Job Satisfaction)	仕事や仕事環境に対する満足度を示す概念
組織コミットメント (Organizational commitment)	組織に対する愛着や忠誠心，一体感を示す概念
職務関与 (Job involvement)	職務を自分にとって重要な一部と考え，職務に積極的に取り組み，かつ，成果を上げることを自分にとって重要なことと考える度合いを示す概念
組織サポート感 (Perceived organizational support)	自分が所属する職場や組織が，自らの貢献を価値あるものと見なし，自分たちの幸福についても十分に気にかけてくれていると感じている度合いを示す概念
心理的エンパワーメント (Psychological empowerment)	自らの職務遂行能力や職場環境，職務の有意味感，職務での自己裁量度合いに，自らが影響を及ぼすことができると考えている度合いを示す概念
職場内ステータス感 (Perceived insider status)	組織内の他のメンバーから，自分には価値があり，組織にとって重要な人物であると感じてもらっていることについての信念を示す概念

　職場でシェアド・リーダーシップが発揮されると，職場のメンバーの職務満足が高まる。とりわけ，4つの職務満足のうち，仕事そのもの，および職場の人間関係に対する満足度に影響する。

　仕事そのものに対する満足度が上がるのは，参画意識が生まれるからである。同じ仕事であっても，一方的な指示に従ってこなしているよりも，意思決定に参加できたほうが，高い満足感を感じる。例えば，職場の営業方針について，課長が一方的に決めて，課員がそれに従うだけの職場より，課員みんなで効果的な営業方針を出し合い，全員で決定するような職場のほうが，課員の仕事に対する満足度は高くなるであろう。

　また，シェアド・リーダーシップが発揮されているということは，役割分担がうまくできているということである。しかも，それぞれが，自らの得意な分野を担当していることになる。加えて，役割分担は固定的でなく，必要に応じてフレキシブルに変化する状態である。このような状態は，究極的にチーム

図表7-2　シェアド・リーダーシップと職務満足・組織コミットメントの関係

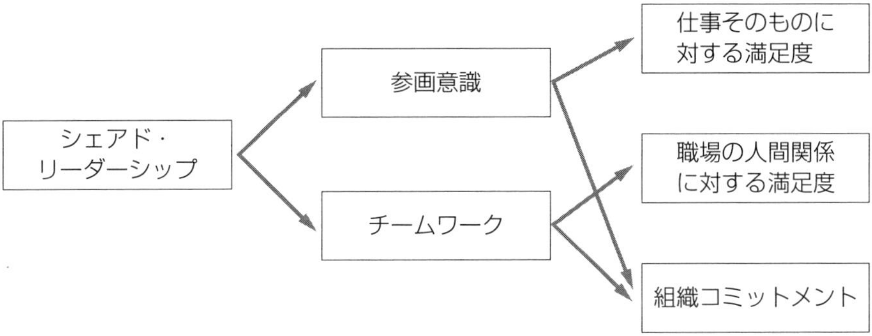

```
シェアド・         参画意識  ──→  仕事そのものに
リーダーシップ  ↗         ↘       対する満足度
              ↘         ↗  ──→  職場の人間関係
                チームワーク         に対する満足度
                          ↘  ──→  組織コミットメント
```

ワークがとれている状態といえる。

　チームワークがとれた職場で仕事をしている人は，職場での人間関係に対する満足度も高い。課長の指示のもと，各個人がバラバラに仕事をしている職場よりも，職場のメンバー間で協力したり連携したりしながら仕事をしている職場のほうが，人間関係に対する満足度が高くなる。

　もう一方の組織コミットメントとは，組織に対する愛着や忠誠心，一体感を示す概念である。組織コミットメントが高まると，職務満足が上がったり，職場や組織に対する貢献意欲が高まったりすることがわかっている。

　シェアド・リーダーシップが発揮されると，参画意識やチームワークが生まれる。参画意識が感じられるかどうかとか，職場でチームワークを感じられるかどうかは，働く人にとって非常に重要な問題である。このため，そのような場を提供してくれる組織や職場は，本人にとってとても大切なものと感じられるだろう。そのような職場や組織には自然に愛着が湧くであろうし，自分なりにできる貢献をしたいと思うようになるだろう。

　このように考えると，シェアド・リーダーシップは，メンバーの参画意識やチームワークを高めることで，職務満足や組織コミットメントを高めることがわかる（図表7-2参照）。

モチベーション

　組織行動論では，モチベーションは，"報酬を得るために行う行動の方向性や持続性，努力の度合いを決定する心理的な力"と定義されている。簡単に言えば，"ある報酬を得るために努力しようとする気持ち"ということになるだろう。

　マネジメント上重要になるのは，どのような報酬を求めているのか？　ということである。なぜなら，従業員の仕事に対する努力を促すためには，彼ら／彼女らが求める報酬を努力の対価として用意する必要があるからである。

　通常，報酬と聞くと，金銭的な報酬を思い出すことが多い。なぜなら，多くの人にとって，金銭的報酬はとても重要な報酬（時には最も重要な報酬）だからである。このため，多くの企業において，金銭的報酬は，モチベーション向上のために用意される最も重要な報酬の1つとなっている。

　しかし，報酬は，必ずしも金銭的なものだけに限らない。昇進や表彰も重要な報酬であるし，面白い仕事を任される，といったことや，「あいつはすごくできる奴だね」と周りから認められることも，考え方によってはとても重要な報酬である。

　組織行動論では，報酬を大きく2つに分けて考える。外的報酬と内的報酬である。外的報酬とは，他人が介在しないと受け取ることができない報酬である。金銭や昇進・昇格は，組織に属していなければ，または組織や他人とのつながりがなければ，得ることができない報酬である。称賛も，褒めてくれる人がいなければ，受け取ることができない報酬である。その意味で，これらは外的報酬と言える。

　これに対して内的報酬とは，他人の介在なしに受け取ることができる報酬である。仕事そのもののおもしろさとか，仕事を通じて得られる達成感や成長感などは，仕事さえあれば，それを認めてくれたり褒めたりする人がいなくても，感じることができる。したがって，これらは内的報酬である。

　どちらの報酬が目当てなのかによって，モチベーションも大きく2つに分けられる。外的報酬を得ることが目当てのモチベーションが外発的モチベーショ

ンで，内的報酬を得ることが目当てのモチベーションが内発的モチベーションである（図表7-3参照）。

　先行研究によると，内発的モチベーションのほうが，外発的モチベーションよりもマネジメント上の効果が高い。例えば，内発的モチベーションが高い人は，外発的モチベーションが高い人に比べて，成果を高めるために必要な能力や技術を高めようとするし[4]，業務遂行においてフレキシブルに認知し，さまざまな工夫をとろうとする[5]ことがわかっている。その結果，**内発的モチベーションが高い人は，創造性が高く，また，仕事の成果も高い**ことがわかっている[6]。

　実際には，内発的モチベーションだけ，とか，外発的モチベーションだけで仕事をしている人はいない。多くの人は，多かれ少なかれ，両方のモチベーションを持って仕事に取り組んでいる。また，内発的モチベーションと外発的モチベーションの境目も曖昧で，きちんと線引きすることができない面はある。

　しかし，それでも，内発的モチベーションのほうがマネジメント上重要であることは明らかである。また，内発的モチベーション研究で最も有名な研究者の1人であるデシは，外的報酬が，内発的モチベーションを低下させてしまうことを指摘している[7]。仕事そのものにやりがいを感じて頑張っていた人でも，その成果に対して金銭的報酬を受け取ってしまうと，金銭的報酬目当てのモチベーション，すなわち外発的モチベーションに変化してしまうのである。このため，多くの研究が，内発的モチベーションを向上させる要因を明らかにしよ

図表7-3　内発的モチベーションと外発的モチベーション

モチベーションの種類	源泉となる報酬	報酬の内容
内発的モチベーション	内的報酬	他人の介在がなくても受け取ることができる報酬 例：仕事そのもののおもしろさとか仕事を通じて得られる達成感や成長感など
外発的モチベーション	外的報酬	他人が介在しないと受け取ることができない報酬 例：金銭や昇進・昇格，称賛など

うとしている。

内発的モチベーションとシェアド・リーダーシップ

シェアド・リーダーシップは，モチベーションの中でも内発的モチベーションを高める効果を持つ。そもそも，職場の各メンバーのモチベーションが高くなければ，シェアド・リーダーシップは成立しない。しかし，シェアド・リーダーシップになることが，さらにメンバーの内発的モチベーション向上に寄与する。

内発的モチベーションの研究は，自己効力感や自己決定感を感じられる仕事をしていると，その仕事に対する内発的モチベーションが上がることを指摘している。自己効力感とは，先述したとおり，ある課題を達成するうえで必要な能力を有していることについての信念である。また，自己決定感とは，目標や目標達成のプロセスについて，他人からの指示ではなく，自らの意志で決定している，という信念である。

シェアド・リーダーシップは，職場のメンバーの自己効力感や自己決定感を高める。職場がシェアド・リーダーシップの状態であるということは，各メンバーが必要に応じて発言したり，自主的に行動したりすることが許されている，ということである。上司の指示通りに動くことが求められる職場に比べて，自らが決定しているという感覚は強くなる。また，自ら決定して動いていると感じることができれば，自らが有する能力や情報を効果的に使うことができているという感覚，すなわち自己効力感も高くなると思われる。

つまり，シェアド・リーダーシップは，職場のメンバーの自己効力感や自己決定感を高めることで，内発的モチベーションを高めると考えられる（図表7-4参照）。

例えば，営業職を考えてみよう。営業職として高い成果を得るためには，さまざまな方法がある。なるべく多くの顧客を訪問して顔をつなぐやり方もあるであろうし，関係の深い顧客を重点的に訪問して，じっくりと話をするやり方もあるだろう。また，積極的に商品の宣伝をするやり方もあるだろうし，自分

図表7-4 シェアド・リーダーシップと内発的モチベーションの関係

から宣伝することは控え，まずは相手のニーズを聞くようなやり方もあろう。相手によって適切なやり方は異なるし，また，営業職本人の性格や経験によっても異なるはずである。

　多くの営業職の人は，自分の経験や勘，上司や先輩からのOJT，そして，職場の同僚の間での情報交換やベスト・プラクティスの共有などを通じて営業職としての"持論"を築き上げ，その"持論"に従って営業活動を行っている。つまり，自らの判断で，その場に応じた最も適切なやり方を選択し用いているのである。

　それにもかかわらず，上司から一方的に，1日の訪問件数や訪問先でのトーク内容を指定されてしまい，ただそれに従うことだけが求められているとすればどうであろうか？　同じ職場であるにもかかわらず，相互に協力し合うこともなく，それぞれが，ただ上司の指示に従った仕事をするだけの職場である。そのような職場であれば，仕事にやりがいを感じたり，能力発揮を実感したりすることは難しい。

　もちろん，そのような職場であっても，高額の金銭的なインセンティブによって外発的モチベーションを高めることはできるかもしれない。しかし，外的報酬だけで長期にわたってモチベーションを維持することは難しい。そして何よりも，このような職場であれば，仕事そのもののおもしろさに起因する内発的モチベーションは感じづらいだろう。

　逆に，自ら適切なやり方を考え，上司や他の同僚に対して積極的に提案することが求められ，なおかつ，必要に応じて相互に協力し合うような職場であっ

たらどうであろう？　自らの提案が受け入れられれば自己効力感は高まるだろうし，そうでなくても，職場の方針決定に参加している，という感覚は，自己決定感を高めるだろう。そのような職場では，ことさら高い金銭的インセンティブに頼らなくても，仕事に対する高い内発的モチベーションを感じることができる。

職場としての能力・情報量

　シェアド・リーダーシップが発揮されると，職場全体の職務遂行能力が高まる。なぜなら，各メンバーが，目標を達成するために必要な能力を十分に発揮したり，必要な情報を職場に提供したりすることができるからである。

　自らの能力を本当に知っているのは本人である。もちろん，上司はある程度，部下の能力を把握している。しかし，完全に把握しているわけではない。部下の専門能力が高かったり，部下の専門が上司と異なったりする場合はなおのこと，能力を完全に把握することは難しい。

　このような場合，各メンバーは，リーダーの指示に従って動くだけでなく，必要な能力を自らの判断で行使するほうが，持てる能力を最大限に発揮することができる。シェアド・リーダーシップが発揮されていれば，各メンバーが，必要なときに必要な能力を，自らの判断で行使することができる。その結果，職場としての能力が高まるのである。

　また，シェアド・リーダーシップが発揮されると，職場内のコミュニケーションが活発化する。それぞれがリーダーシップを発揮すれば，目標達成のために必要なコミュニケーションを，それぞれが自発的にとるようになるからである。すべてのメンバーが，必要に応じて必要な情報を職場内で発信するだろう。また，足りない情報があれば，自らの判断で職場内に求めることもあるかもしれない。

　職場内のコミュニケーションが活発になれば，職場内で共有している情報が多くなり，さらに相乗的にコミュニケーションが活発化する。メンバー間で情報の共有化が進むと，コンテクストの共有化が進むからである。コンテクスト

図表7-5 シェアド・リーダーシップと職場の能力・情報量との関係

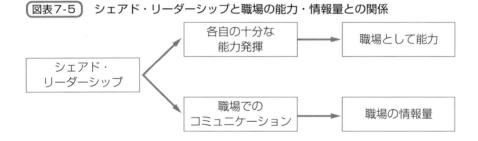

とは，コミュニケーションを行う際の共通の土台のようなものである。価値観や考え方，言外の意味などがこれにあたる。コンテクストが共有化されると，コミュニケーションがスムーズに行われるようになるのである。

　職場内のコミュニケーションが活発化すると，職場として保持する情報の総量が増える。なぜなら，各自が保持している情報を，コミュニケーションを通じて相互に共有化することができるからである。

　このように考えると，シェアド・リーダーシップは，メンバーの十分な能力発揮を促進することで，職場としての能力を向上させる。また，職場でのコミュニケーションを活発化することで，職場の情報量を拡大する（図表7-5参照）。

　例えば，職能横断的プロジェクト・チームを考えてもらいたい。研究や開発，設計，生産，製造，マーケティングなどさまざまな専門分野を持つ人が一堂に会し，製品開発を行うチームである。さまざまな専門分野の情報やスキルを取り入れることができるため，効率的，かつ顧客ニーズに合った製品を開発するためには優れているといわれている。

　職能横断的チームの公式のリーダーは，メンバーの持つ能力や情報を完全に把握することはできない。それぞれが異なる専門分野を持つからである。このため，公式のリーダーが一方向的に指示をしても，その効果を発揮することができない。

　このようなチームで各メンバーの能力・情報を十分に活かすためには，それぞれがリーダーシップを発揮することである。これによって，それぞれが持つ

能力・情報を，プロジェクト・チームの目標達成に向けて十分に活用することができるようになる。また，コミュニケーションが活発になることで，情報の共有化が進むと同時にコンテクストの共有化も進む。同じ組織に所属していたとしても，部署が異なるとコンテクストが大きく異なる。このため，コンテクストの共有化は，さらなるコミュニケーションを促進したり，チームとしての一体感を持ったりするために非常に重要である。

職能横断的プロジェクト・チームのような特殊な場合だけでない。通常の職場においても，各メンバーは，それぞれ違った能力・情報を保有している。これらを最大限に活用し，かつメンバー間のシナジー効果を発揮させるためには，シェアド・リーダーシップが効果的なのである。

職場の成果

多くの研究が実証しているとおり，シェアド・リーダーシップが発揮されると職場の成果が高まる。それは，前述したとおり，シェアド・リーダーシップが職場のメンバーの積極的な職務態度やモチベーションを引き出したり，また，メンバーの能力や情報を十分に活用したりするからである。

シェアド・リーダーシップが発揮されると，メンバーは，職務満足を高めたり，職場や組織に対するコミットメントを高めたりする。そのようなメンバーは，職場やその仲間を大切に考え，職場の目標達成に貢献したい，という気持ちを強く持つようになる。また，シェアド・リーダーシップによって，各メンバーの能力が最大限に発揮され，なおかつ，各メンバーの情報が職場やチームで共有されれば，職場やチームの目標を達成しやすくなる。

コミュニケーションが活発になれば，人間関係も良好になる。そうなれば，相互に協力しようという気持ちも強くなる。相互に協力関係が築ければ，職場に対するコミットメントはさらに高まる。シェアド・リーダーシップは，相乗的に，メンバーのポジティブな職務態度を引き出すことができる。

これに加えて，シェアド・リーダーシップは，チーム効力感を高める。チーム効力感とは，自己効力感のチーム版である。自己効力感とは，自分自身が与

図表7-6 シェアド・リーダーシップと職場の成果との関係

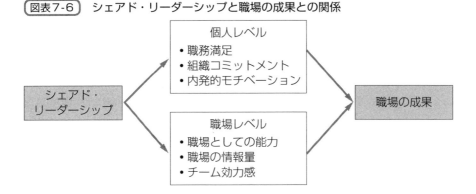

えられた仕事を達成できるかどうかに関わる信念であるのに対して，チーム効力感は，職場として，職場の仕事に関する目標を達成できるかどうかについての信念である。職場にいる人が，自らの職場が目標を達成できると考えていれば，その職場のチーム効力感は高いといえる。職場全体の仕事達成能力に対する前向きな自信といっても良いかも知れない。

　シェアド・リーダーシップが発揮されていれば，チーム効力感が高まる。なぜなら，シェアド・リーダーシップが発揮されれば，職場のメンバーの目標達成に対する貢献意欲が高まるからである。また，メンバーの能力が最大限に発揮され，かつ，情報量も増えるからである。自分の職場がそのような状態であると感じていれば，仕事を達成できる職場能力に対する自信は高まる。

　チーム効力感が高まると，職場全体の仕事に対するモチベーションが上がる。職場の目標達成に向けた能力を有していることについて自信があるからである。誰でも，自信がない仕事より，自信がある仕事のほうが，取り組みたいと思うものである。また，十分に能力を有していると感じているから，努力さえすれば目標を達成できると考える。このため，努力を怠らないのである。

　このように，シェアド・リーダーシップは，個人レベルでも職場レベルでもポジティブな影響を及ぼし，最終的に職場の成果を高める（**図表7-6**参照）。

注■

1 Avolio, B. J., Jung, D. I., Murry, W. and Sivasubramaniam, N. (1996) "Building highly developed teams: Focusing on shared leadership processes, efficacy, trust, and performance". in M. M. Beyerlein and D. A. Johnson (eds.), *Advances in Interdisciplinary Study of Work Teams* (Vol. 3) Greenwich, CT: JAI Press, pp. 173-209.

2 Carson, J. B., Tesluk, P. E. and Marrone, J. A. (2007) "Shared leadership in teams: An investigation of antecedent conditions and performance," *Academy of Management Journal*, 50, 5 1217-1234.

3 石川淳（2013）「研究開発チームにおけるシェアド・リーダーシップ：チームリーダーのリーダーシップ，シェアド・リーダーシップ，チーム業績の関係」『組織科学』46, 4 67-82. Ishikawa, J. (2012) "Transformational leadership and gatekeeping leadership: The roles of norm for maintaining consensus and shared leadership in team performance," *Asia Pacific Journal of Management*, 29, 2 265-283.

4 Harter, S. (1978) "Effectance motivation reconsidered: Toward a development model," *Human Development*, 21, 1 34-64.

5 McGraw, K. O. and Fiala, J. (1982) "Undermining the Zeigarnik effect: Another hidden cost of reward," *Journal of Personality*, 50, 1 58-66.

6 Amabile, T. M. (1996) *Creativity in Context: Update to the Social Psychology of Creativity*, Boulder, CO: Westview.やRuscio, J., Whitney, D. M. and Amabile, T. M. (1998) "Looking inside the fishbowl of creativity: Verbal and behavioral predictors of creative performance," *Creativity Research Journal*, 11, 3 243., Shalley, C. E. (1995) "Effects of coaction, expected evaluation, and goal setting on creativity and productivity," *Academy of Management Journal*, 38, 2 483-503., Shin, S. J. and Zhou, J. (2003) "Transformational leadership, conservation, and creativity: Evidence from Korea," *ibid.*, 46, 6 703-714., Zhou, J. (1998) "Feedback Valence, Feedback Style, Task Autonomy, and Achievement Orientation: Interactive Effects on Creative Performance," *Journal of Applied Psychology*, 83, 2 261-276.など。

7 Deci, E. L. and Ryan, R. M. (1985) *Intrinsic motivation and self-determination in human behavior*, New York, NY: Plenum.

第8章
シェアド・リーダーシップが効果的な場面

　シェアド・リーダーシップを発揮することができれば，職場やチームの成果は高まる。このことは，前章で示したとおり，多くの先行研究が実証している。
　しかし一方で，すべての場合において，シェアド・リーダーシップが有効であるとも考えづらい。状況によっては，シェアド・リーダーシップの有効性が十分に発揮されなかったり，ときには，逆効果をもたらしたりする場合もありうる。
　シェアド・リーダーシップによるメリットを享受できるかどうかは，以下の状況に依存する。

1) 職場を取り巻く環境（技術環境・競争環境など）の曖昧さ
2) 職場の成果として創造性が求められる度合い
3) 職場の対応として素早さが求められる度合い
4) 職場のメンバーの専門性の高さ

曖昧な環境

　環境が曖昧であるということは，目標や目標達成に至るプロセスが曖昧である，という意味である。競争環境や技術環境の変化が激しい場合も，目標達成に至るプロセスが曖昧になるという点で，同様に曖昧な状況であるといえる。

　家電製品の量販店を考えてみよう。かつての量販店は，価格を追求する顧客を満足させることが，競争優位を築くために最も重要であった。このため，売れ筋の商品を大量に仕入れることが，成果を上げるために重要なプロセス

であった。

　しかし，今日では，量販店同士の競争が激化し，かつ，ネット販売という新しい業態との競合を強いられるようになっている。また，顧客ニーズも多様化し，コストだけでなく，丁寧な商品説明や多様な品揃えを求める人も増えてきている。さらに，家電製品も多様化し，かつてのカテゴリーでは収まらないような製品も多く出現するようになってきている。このような状況では，"価格で勝負する"という，かつての勝ちパターンだけでは通用しなくなる。

　このように環境が急激に変化しつつある状況では，シェアド・リーダーシップが効果を発揮する。なぜなら，現場でリーダー的地位に就いている人は，かつての勝ちパターンで成功を収めてきた人であり，変わりつつある環境で，成果を上げるために何が必要であるのかを必ずしも知っているとは限らないからである。つまり，このような状況では，公式のリーダーを含め，誰もが，目標達成に向けてとるべきプロセスを把握していないのである。また，どのような情報が必要になるのかも完全には把握できていない。このため，誰か1人の固定的なリーダーシップに依存していたのでは，誤ったプロセスを進んでしまったり，必要な情報を入手できなかったりする。

　このような場合は，職場の英知を結集し，試行錯誤を行う必要がある。さまざまな情報を持ち寄り，いろいろやってみて，失敗を繰り返しながら，正しいプロセスを探索するのである。このため，それぞれのメンバーが，自らが得意な能力を発揮したり，自らが保持する情報を提供したりすることが必要となる（図表8-1参照）。

　各メンバーが，自らの意思により得意な能力を発揮したり，自らが保持している情報を提供したりすることが，すなわち，各メンバーがリーダーシップを発揮している，ということになる。職場の目標達成のために，他のメンバーに影響を及ぼしているからである。

図表8-1　不確実で曖昧な状況では複数のリーダーが必要

ゲームソフトの開発

　今日のゲームソフトの開発には，多くの人が関わる。まず，監督が置かれ，そのもとに多数のプログラマーが配置される。しかし，ゲームに関わるのはプログラマーだけではない。ゲームそのもののデザイナーやシナリオライター，キャラクターのデザイナー，ゲームで用いる楽曲を制作するアーティスト，サウンド技術者なども必要となる。これらの，いわばプロフェッショナルたちが監督の下に集まりゲームを制作する。

　ただし，ゲームの制作にあたって，リーダーシップを発揮するのは監督だけではない。なぜなら，ゲームを取り巻く環境が激変しているからである。消費者のニーズが目まぐるしく変化し，技術も著しく進化し，競争相手もどんどん変わってくる。ゲームを楽しむ場面すら，ひと昔前とは様変わりしている。このような時代では，監督でさえ，どのようなゲームを開発すれば売れるのか，ということを完全に理解することはできない。

　このため，開発チームに集まったそれぞれのメンバーが，自らの視点や能力を活かした提案を行い，その提案をさらにさまざまな視点から検討を加えて，より良い提案に練り上げていく，という作業が必要となる。監督を中心に，全員の英知を結集してより良いものを作るのである。すなわち，シェアド・リーダーシップである。

　こうした，これまでの成功体験を活かすことができないような曖昧な状況で

は，1人の人によるリーダーシップに頼るのではなく，シェアド・リーダーシップによって臨むことが，より良い解決の糸口につながるのである。

創造性が求められる状況

職場のアウトプットに創造性が求められる場合も，シェアド・リーダーシップは効果的に働く。新しいものを生み出すプロセスは，誰も事前に把握することができないからである。

創造性が求められる，ということは，新しい知識やアイデアを生み出すことが求められる，ということである。創造的な製品といえば，新しく生み出された技術を用いたり，新しい機能を提供したりする製品のことである。創造的なサービスとは，これまで誰も提供しなかったサービスを提供することである。また，創造的な解決方法といえば，これまでにとられることがなかった，新しい解決方法のことである。このように，創造的なアウトプットを出すためには，これまでにない新しい知識を生み出したり，新しいアイデアを思いついたりすることが必要となる。

しかし，新しい知識やアイデアは，真空の状態から生まれるのではない。多くの場合，既存の知識やアイデアの組み合わせによって生み出される。新しい，と感じるのは，それまで誰も行わないような組み合わせが成立するからである（図表8-2）。

図表8-2　既存の知識の新しい組み合わせによる新知識の創造

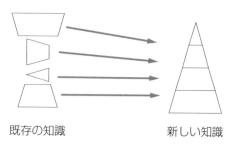

携帯電話やスマートフォンのカメラ機能を考えてもらいたい。今では，携帯やスマホにカメラ機能がついているのは当たり前である。しかし，もともとは，携帯電話にカメラ機能は付いていなかった。シャープがカメラ機能付きの携帯電話を初めて発売し，写真をメールで送付する"写メール"という言葉とともに普及させたのである。携帯とカメラを組み合わせるために新しい技術が必要であったにせよ，携帯やカメラそのものは，新しい製品・技術ではない。既存の知識を新たに組み合わせることで新しい製品（＝新しい知識）が生まれたのである。

　新しい知識・アイデアを生み出すことの難しさは，どのような既存の知識・アイデアが役立つのかとか，どのような組み合わせが良いのかということを，誰もあらかじめ知ることができないことにある。このため，さまざまな知識・アイデアを寄せ集め，さまざまな組み合わせを試行錯誤することが求められる。
　その際に求められるのが，全員によるリーダーシップである。全員がリーダーシップを発揮することで，各メンバーが自らの情報や能力・スキルを主体的に用い，相互に影響し合うことができる。これにより，職場として最大の力を発揮しながら試行錯誤を繰り返すことができるのである。
　また，個人が創造性を発揮するためには，前章で説明したように，内発的モチベーションが重要であると言われている。例えば，創造性の研究で最も有名な研究者の１人であるアマビルは，個人が仕事において創造性を高めるには，３つの重要な要因が影響を及ぼしていると指摘している[1]（図表8-3参照）。

　当該作業に関する専門的知識・技能，フレキシブルな認知能力，そして仕事そのものに対するモチベーション，すなわち，内発的モチベーションである。専門的知識・技能や認知的能力はすぐに高めることができない。しかし，内発的モチベーションは，マネジメント次第では高めることができる。つまり，職場において創造的成果を高めるためには，長期的には，能力を育成したり優秀な人を集めたりすることが必要になるが，短期的には，職場のメンバーの内発的モチベーションを高めることが最も有効な手段，ということになる。
　先述したとおり，シェアド・リーダーシップは，内発的モチベーションを高

図表8-3　創造性を高める3要因

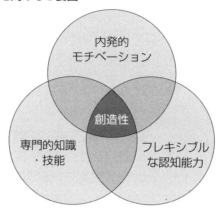

出所：Amabile（1996）をもとに筆者作成。

める。つまり，シェアド・リーダーシップは，内発的モチベーション促進を通じることでも，創造的成果にプラスの影響を及ぼすのである。

くまモンのプロモーション[2]

　シェアド・リーダーシップを通じて創造性が高められた例は，くまモンのプロモーションにも見られる。くまモンは，ご存じのとおり，ゆるキャラブームの隆盛に大きく貢献した熊本県のキャラクターである。

　くまモンのデザインやキャンペーンのアドバイスはプロが行ったが，実質的なプロモーションを担当し，くまモンを全国区にまで押し上げたのは，熊本県くまもとブランド推進課の職員たちである。

　職員による戦略は，地元密着戦略と関西戦略の両面である。地元熊本では，着ぐるみが保育園や幼稚園を訪問して子供のファンを増やしたり，地元の百貨店とコラボしたりすることで知名度の向上を図った。一方，関西では，"くまモンを探せ大作戦！"と名づけたプロモーション活動をSNSを用いて行ったり，吉本の新喜劇に登場させたりすることで，知名度を向上させていった。また，

ある程度知名度が向上してくると，くまモンの使用料を無料にした。県がブランドの向上につながると判断すれば，無料で使えるようにしたのである。これによって，さらに知名度が向上した。

重要なのは，これらのプロモーション戦略を，マーケティングについては素人である，ブランド推進課の職員たちが行った点である。課長でさえ，どのようにすればくまモンが全国区になるか，その道筋をあらかじめ知っていたわけではない。まして，他の職員が知っているわけもない。

その中で，職員たちは，みんなが手分けをして情報を探索し，みんなが知恵を出し合って，さまざまな人からのアドバイスを受けながらプロモーション戦略を進化させていった。始めから決められたプロモーション戦略があったわけではなく，職員同士のやりとりの中で進化していった結果のプロモーション戦略なのである。

もし，誰か1人の独善的なリーダーシップによってくまモンのプロモーション戦略が練られていたとしたら，ここまで，時代にマッチした，全国の人に愛されるキャラクターには成長しなかっただろう。なぜなら，全国区で愛されるキャラクターのプロモーションのやり方など，誰も知らなかったからである。

新しいものを創り上げるときは，全員の英知を結集し，試行錯誤を繰り返しながら，創り上げていくしかない。そのときには，誰か1人のリーダーシップに依存するのではなく，全員が必要に応じて必要なリーダーシップを発揮することが求められる。つまり，シェアド・リーダーシップが求められるのである。

素早い対応が必要な状況

素早い対応が必要な状況においてもシェアド・リーダーシップが効果を発揮する。

工作機械メーカーの営業職が，自分が担当している納入先にて，機械の不具合があるとの連絡を受けたとしよう。営業担当者としては，顧客への迷惑を最小限に抑えるために，一刻も早く対応する必要がある。

この場合，いくつかの選択肢がある。電話で原因が明らかになった場合で，その対処方法も明確な場合は，すぐに対処することができる。部品を交換するだけですむのであれば，代替部品をもって顧客のもとに駆けつければよい。自分が駆けつけるよりも，営業所にいる別の人に駆けつけてもらったほうが早ければ，その人に頼むこともできるだろう。
 一方，電話では原因が明らかにならなかった場合は，なるべく早く顧客を訪問して，原因を明確化することが必要となる。自分だけでは原因を明らかにすることができそうになければ，技術部門の従業員と一緒に訪問する，ということもありうるだろう。
 この場合，どの選択肢が最も適切だろうか？

その判断を上司に仰ぐためには，上司に状況を報告し，上司の指示を受けてから行動に移さなければならない。しかし，それでは時間がかかる。素早く対応するためには，自分で判断し，すぐに行動に移すほうが良い（**図表8-4**）。
 このように，素早く対応する必要がある場合，現場の第一線で対応するほう

図表8-4 現場で判断ができれば対応が早い

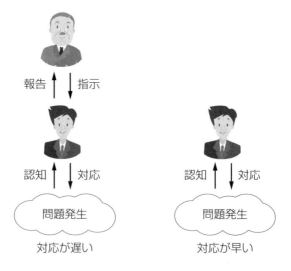

が有効である。しかし，現場に権限が委譲されていないと，自分で判断することも，また，行動を起こすこともできない。したがって，現場に権限を委譲することが必要条件となる。

　ただし，素早く対応するためには，現場に決定権限が委譲されているだけでは不十分である。たとえ権限が委譲されていたとしても，決定するために必要な資源がないと適切な決定をすることができない。例えば，情報不足や能力不足である。必要な情報がなければ，適切な意思決定を下すことができない。また，十分な情報があったとしても，必要な情報を見極め，適切な判断を下す能力が不足していれば同様である。

　先ほどの営業職の場合，製品の不具合に関するすべての情報が集められ，かつ，営業職にも共有されていれば，素早く適切に対処する方法を見いだす可能性が高くなる。また，営業職に技術的な知識があれば，現場で不具合を起こしている機械を見ただけで，適切な対処方法を見いだすことができるかも知れない。したがって，素早く対応するためには，権限委譲だけでなく，必要な情報や能力を現場が身につけていることが必要となる。

　しかし，必要な情報や能力をすべて身につけているというのは，実際には難しい。素早く対応する必要があるのは，往々にして緊急事態である。そもそも予想がつかないから緊急事態になるのである。だとすれば，緊急事態に必要となる情報や能力を，あらかじめすべて把握しておくことは不可能である。

　したがって，そのような場合は，必要な資源を，必要な場所から集めることが求められる。当然のことながら，どのような資源が必要となるのかは，あらかじめ確定することができない。したがって，その場になって，必要な資源を確定し，必要な資源を獲得するために他者へ働きかけることが求められるのである。つまり，リーダーシップを発揮することが求められるのである。

　素早い対応を行うためには，自らがリーダーシップを発揮する必要がある。いちいち，必要な資源の獲得について上司に決裁を依頼していたのでは時間がかかりすぎてしまうからである。先ほどの営業職が，技術的なことについて自分で解決が図れないことがわかった場合，いちいち上司に報告して指示を待ったのでは時間がかかりすぎる。必要な判断ができる技術部門の従業員に直接連

絡して相談するか，必要な場合は現場まで来てもらうように，自分で働きかけるほうが，早く適切に対処できる。

　もちろん，そのためにはそのようなフレキシビリティが許されるマネジメント体制を整備しておくことが必要である。しかし，何よりも，現場の人間が"自分がリーダーシップを発揮しなければならないのだ"という意識を持っていることが肝要である。どのような制度を構築したところで，本人にその意識がなければ，制度は機能しないからである。

再び聖路加国際病院

　第5章に記した，地下鉄サリン事件に直面した際の聖路加国際病院の対応を思い出してもらいたい。サリンによるテロ，という前代未聞の事件に遭遇したうえに，数多くの患者が運び込まれ，現場は混乱している。しかも，患者によっては，一刻を争う容体である。

　このような事態において，院長の日野原氏がすべての指示・命令を行っていたら，おそらく，あのように素早く適切な対応を行うことができなかったであろう。日野原氏が，すべての状況を把握するだけでも多大な時間がかかる。また，必要な情報を日野原氏に集約するにも時間がかかる。そのうえで，日野原氏の指示・命令が末端まで行き渡るのに，さらなる時間がかかる。もし，日野原氏がすべての指示・命令を行っていれば，もっと多くの死者が出たはずである。

　しかし，日野原氏は，大きな方針を出しただけで，細かい判断は，現場のメンバーに任せている。これに応じて，現場の医師，看護師，技師，薬剤師，事務スタッフなどメンバー全員が，その専門性を活かして自律的に判断し自律的に動いた。自らの判断で必要な情報を提供したり，必要に応じて指示したり，手助けを行ったりしたのである。

　このように，現場でそれぞれの専門性を活かして判断し，相互にリーダーシップを発揮することができたからこそ，素早く状況を把握し，素早く情報を共有し，素早く対応することができたのである。どのような立場にあるかは関

係ない。必要と思われる人が必要なリーダーシップを発揮することが，素早い解決につながるのである。

メンバーの専門性が高い場合

　職場のメンバーの専門性が高い場合もシェアド・リーダーシップが有効に機能する。職場のメンバーの専門性が高い場合，公式のリーダーであっても，各メンバーの専門領域を完全に理解することができないからである（図表8-5）。このため，各メンバーが，それぞれが持つ専門的能力や情報を発揮するためには，いちいちリーダーの指示のもと動くのではなく，メンバー自らが自律的に動くことが必要となる。

　研究開発チームを考えてみよう。メンバーは，それぞれの技術分野の専門家である。もちろん，同じチームで働くのであるから，大きな意味では，同じ専

図表8-5　専門性が高いメンバーの能力把握はリーダーでも難しい

門かもしれない。しかし，専門の中身を細かく見てみれば，各自が得意とする分野は異なるはずである。チーム・リーダーにも得意とする分野はあるが，それ以外の分野については，それほど詳しいわけではない。各メンバーが得意とする分野は，当人が最も詳しいのである。それぞれのメンバーの得意分野を活かすためには，チーム・リーダーの指示によって動くより，各自が自律的に動くほうが効果的なのである。

ただし，研究開発チームとして成果を上げるためには，各メンバーが自律的に動くだけでは不十分である。自らの専門を活かすだけでは，チームの目標を達成できないからである。このため，個人の力だけでなく，チームとしての力も十分に発揮することが必要となる。

チームとしての力を十分に発揮するためには，各メンバーが相互に協力したり連携したりすることが求められる。そのためには，各メンバーが必要に応じて他者に働きかけたり巻き込んだりしなければならない。

しかし，メンバーの専門性が高い場合，チーム・リーダーの指示通りに連携・協力しても，大きな成果を得られない。なぜなら，チーム・リーダーさえも，各メンバーが具体的にどのようなタスクに取り組み，どのような問題を抱えているかを完全に把握することができないからである。

したがって，このような場合は，各メンバーが自ら，抱えている問題の解決に必要となる情報やスキルを持っていそうな他のメンバーに働きかけることが必要となる。もちろん，困っていそうなメンバーがいて，自分が役に立ちそうであれば，こちらから声をかける，ということもありうるだろう。このような関係がチーム内で築かれていれば，チームとして専門性を十分に活かすことができる。

ここでは研究開発チームを例として取り上げたが，他のチームであっても，また，チーム形式をとらない職場であっても同じである。各メンバーの専門性を活かし，職場としての成果を高めるためには，相互にリーダーシップをシェアすることが，最も効果的なのである。

オルフェウス室内管弦楽団[3]

　アメリカのオルフェウス室内管弦楽団（以下，オルフェウス）は，26名を基本とする小編成の管弦楽団である。1972年に創設されて以来，これまで，二度のグラミー賞を受賞するなど，優れた実績を誇っている。

　オルフェウスは，ユニークな特徴を持つことで，経営学者からも注目されている。その特徴とは，指揮者がいないことである。

　通常の管弦楽団であれば指揮者がいて，その指揮者が曲の解釈を行い，曲調やテンポなどを決めていく。演奏者は，指揮者の指示に従って演奏を行っていく。コンサートに向けての曲作りは，指揮者の強力なリーダーシップのもとで行われるのである。このため，多くのコンサートやCDでは，管弦楽団名よりも指揮者の名前が大きくクレジットされている。指揮者によって，演奏スタイルが大きく異なるからである。

　しかし，オルフェウスには，その肝心要（かなめ）の指揮者がいないのである。オルフェウスでは，演奏者自身がリーダーとなるコア・グループを選出する。そのグループは，全体リハーサルに先だって集まり，それぞれの意見を出し合って，その日の演奏スタイルを仕上げる。また，このコア・グループは固定されておらず，演奏者全員が持ち回りでリーダーとしての務めを果たすのである。

　つまり，オルフェウスでは，固定した人がリーダーシップを発揮するのではなく，みんながリーダーシップを発揮するスタイルなのである。ちなみに演奏者は，演奏スタイルを創り上げることに参加するだけでなく，楽団の運営にも関わっている。

　実際にその練習風景も，通常の楽団とは大きく異なる。通常の楽団であれば，演奏者は，指揮者に言われたとおり演奏するだけで，指揮者が気に入らなければ途中で演奏を止め，やり直しをさせる，という風景が続く。これに対してオルフェウスは，コア・グループの全員が，練習中に発言をする。演奏する楽器やこれまでの経験に関係なく，誰のどのようなパートに対しても，疑問に思ったら発言をする。また，それぞれの発言に対して，他のみんなは耳を傾けようとする。

筆者は，音楽の専門家ではないから，指揮者がいたほうが良いのかいないほうが良いのかは判断できない。ただ，オルフェウスは，指揮者がいないことが，良い演奏を行うための最良の選択肢だと信じており，実際に，優れた実績を残している。また，オルフェウスに集まる演奏者が優秀でモチベーションが高いからこそ，全員によるリーダーシップ，というスタイルがうまく機能している，ということも事実であろう。

注■
1　Amabile, T. M. (1996) *Creativity in Context: Update to the Social Psychology of Creativity*, Boulder, CO: Westview.
2　これ以降のくまモンのプロモーション戦略に関する記述は，日経ビジネス2012年10月22日号の記事と熊本県庁チームくまモン『くまモンの秘密　地方公務員集団が起こしたサプライズ』幻冬舎による。
3　オルフェウスについては，Seifter, H. and Economy, P. (2001) *Leadership Ensemble*, New York: NY: Henly Holt and Company.が詳しい。また，DVD『オルフェウス室内管弦楽団』には，練習風景が収録されており興味深い。

第9章

シェアド・リーダーシップに関する3つの誤解

　筆者は，企業や官公庁にて，リーダーシップ研修を依頼されることが多い。その際にも，シェアド・リーダーシップの話をするようにしている。しかし，シェアド・リーダーシップの話をしても，受け入れてもらえないことがたまにある。受け入れてもらえないときの受講者の反応で，最もよくあるのが次のようなものである。

　「リーダーシップをシェアする，という考え方は，理想に過ぎない。実際の現場では，そのようなことができるわけない」

　しかし，実際の職場では，上司だけでなく，部下が影響力を発揮することはよくある。その度合いには差があるかもしれないが，多くの職場で，多かれ少なかれ部下は影響力を発揮している。もちろん，上司が一方向的に影響力を発揮し，部下はただ単にそれに従うだけ，という職場があることを否定はしない。しかし，そのような職場は，むしろ少数派だろう。
　それにもかかわらず，「シェアド・リーダーシップは理想論に過ぎない」と考えるビジネス・パーソンが多いのは，シェアド・リーダーシップに関して以下の3つの誤解があることが理由であると考えられる。

　誤解1：リーダーシップは権限に依存している
　誤解2：全員がリーダーシップを発揮すると現場が混乱する
　誤解3：誰もがリーダーシップを発揮できるわけではない

　以下では，この3つが誤解であることを記していく。

1　誤解１：リーダーシップは権限に依存している

　リーダー的な立場の人に,「部下の人全員がリーダーシップを発揮できるような職場にできませんか？」と尋ねると,以下のような答えが返ってくることがある。

　　「そもそも部下の立場では,リーダーシップを発揮することができない」
　　「部下がリーダーシップを発揮すると,自分の立場がなくなってしまう」

　このような答えは,いずれも,「リーダーシップが権限に依存している」という誤解から生じている。
　一般的には,リーダーシップは,権限に裏打ちされて初めて発揮できるものと考えられている。多くの上司は,リーダーシップを発揮するのが上司の最も重要な役割の１つであり,上司ならではの役割と考えている。実際に,課長など管理職になり,部下を持って初めて書店にリーダーシップに関する啓発本を探しに行く,という人も多いだろう。
　一方で,役職に就いていない,いわゆる平社員の人も,同様に考えているかも知れない。つまり,「特別なプロジェクトでも任されていない限り,リーダーシップは,上司が発揮すべきものであり,自分には関係ない」と考えているのである。もしそうであれば,職場の皆がリーダーシップを発揮するシェアド・リーダーシップは,非現実的な話に聞こえるかもしれない。
　しかし,リーダーシップは,必ずしも権限が伴わなくても発揮することができる。繰り返しになるが,リーダーシップとは,職場の目標達成のために職場の他のメンバーに及ぼす影響力である。そのような影響力を及ぼしていれば,リーダーシップを発揮したことになる。つまり,管理職などの公式的リーダーでなくても,そのような影響力を発揮さえすれば,リーダーシップを発揮したことになる。
　一方で,そのような影響力は,権限があって初めて効果を生み出すのではな

いか，という疑問も浮かぶ。しかし，影響力は，必ずしも権限からだけ発揮されるわけではない。

影響力の源泉

そもそも，リーダーシップを影響力と考えたとき，なぜ，その影響力を発揮することができるのであろうか？　つまり，影響力の源泉は何なのであろうか？　この点について，フレンチとレイベン[1]は，影響力の源泉として，罰，報酬，正当性，同一化，専門性の5つをあげている（図表9-1）。

罰による影響力：罰への恐れによって，相手にこちらが意図した行動を取らせる影響力である。「野球チームの練習において，監督の指示通りの練習メニューをこなさないと，グラウンド10周を追加される。これが嫌で指示通りの練習メニューをこなす」などといった例は，典型的な罰による影響力であろう。また，企業において，「人事考課で低い評価をつけられるのが嫌で，課長の指示通りに行動する」などというのも同様である。

報酬による影響力：罰の逆で，報酬が欲しいという気持ちを利用する影響力である。「サッカー・チームにおいて，あるポジションでプレーをするなら，スタメンとして使ってもらえる，と監督に言われた。そのポジションが不本意

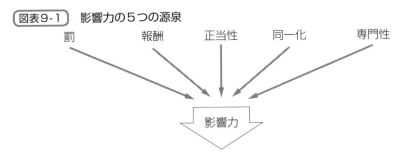

図表9-1　影響力の5つの源泉

出所：French and Raven（1959）をもとに筆者作成。

であっても，スタメンで使ってもらうために監督の指示通りのポジションでプレーをすることにした」などは，典型的な報酬による影響力であろう。営業担当者が，「ノルマ達成時に支払われるボーナスを目当てに一所懸命仕事をする」というのも同様である。

正当性による影響力：そのような影響力を行使することが正当である，と認められたことによって発揮する影響力である。生徒や学生から見た学校の先生などは，これに当たる場合もある。「学校の先生は，生徒や学生を指導したり教育したりする役割を担っている。だから，学校では，先生のいうことは聞かなくてはならない」といった生徒や学生の考え方に基づいて影響力を発揮しているとすれば，それは，正当性に基づく影響力である。「上司には指示や命令をする権限があるのだから，上司のいうことには従わなくてはならない」と考えている部下に対して発揮する影響力も同様である。

同一化による影響力：憧れられたり尊敬されたりする気持ちに基づく影響力である。テレビや映画のスターに憧れて，そのスターの服装センスを真似てみたり，スターの考え方に同調してみたりするのは，スターの同一化に基づく影響力を受けていることになる。職場において，憧れの先輩や，尊敬する上司を見て，仕事のやり方を真似てみたり，仕事に対する考え方について感化を受けたりするのも，同一化に基づく影響力を受けていると言えよう。

専門性による影響力：専門性に起因する信頼に基づく影響力である。「病気のとき，家族から"ゆっくり休みなさい"と言われても聞く耳を持たない人が，同じことを医師に言われると指示に従う」などといった場合は，医師の専門性に基づく影響力を受けている。「同じ研究開発チームに，ある分野において専門性が高いメンバーがいる。このため，その分野に関しては，公式のリーダーも含めて皆がそのメンバーのアドバイスに従う」などといったこともあるだろう。これも，専門性に基づく影響力である。

影響力と権限

上記5つの影響力の源泉のうち，罰や報酬，正当性は，権限に依存している面が強い。罰や報酬を与えるのは，企業や組織においては，一定の権限に基づいて与えられることが多いからである。また，リーダーシップを発揮することが上司の義務であり権限である，と一般的に考えられていることは，正当性もある程度，権限に依存している面があることを示しているのかもしれない。

しかし，同一化や専門性は，必ずしも権限に基づいているわけではない。たとえ上司であっても，部下から憧れたり，尊敬されたりしていない人はたくさんいる。**そもそも，部下は，"上司である"という事実だけをもって，上司を尊敬したり，敬意を払ったりするものではない。**しかも，優秀な部下であればあるほど，その傾向は強い。

一方，同僚であっても，仕事面で有能さを発揮していれば，その面については，尊敬したり，憧れたりすることもある。また，必ずしも仕事面でなくても，人柄が良かったり，困ったときに相談に乗ってくれたりする人であれば，その人を頼ったり，尊敬したりすることはある。

日本のように，年齢が重視される社会では，後輩に憧れるということはあまりないかも知れない。しかし，後輩であっても，仕事において非常に高い成果を上げているとすれば，その人に一目置く，ということはあるだろうし，その人の発言に耳を傾けよう，という気になる。

専門性も，必ずしも権限に基づいているわけではない。われわれが，病気になったときに医師の指示に従うのは，医師がそのような権限を持っているからではなく，医師の専門的能力を信じているからである。たとえ医師であっても，その専門的能力を信じることができなければ，他の病院を探したり，医師の指示を無視したりするであろう。

職場でも同様である。通常の職場では，上司が仕事に関して一番多くの情報を持っていたり，仕事に関して高い能力を有していたりすることが多い。しかし，上司だからといって，すべての案件に精通しているわけではないし，場合によっては，部下のほうが重要な情報を持っていることもある。職場で何か問

題が発生し，その問題解決のために必要な情報を，上司ではないメンバーが持っているとすれば，職場の人は，上司よりも別のメンバーの意見に耳を傾けることになるだろう。

このように，影響力の源泉を紐解いていくと，それは必ずしも権限だけに基づいているわけではない。**権限があっても影響力を発揮できない場合もあるし，権限がなくても影響力を発揮することができる場合もある。**つまり，リーダーシップは，必ずしも権限だけに依存しているわけではないのである。

ムハマド・ユヌス氏によるグラミン銀行創設[2]

グラミン銀行は，ユヌス氏が始めた貧困救済プロジェクトに端を発している。当初，彼は，銀行に対して，自らが保証人にまでなって貧しい村の村民に融資するよう働きかけたが，受け入れられなかった。このため，自ら無担保で少額の資金を貸し出すマイクロ・クレジットを始めた。これが，後にバングラデシュ中央銀行の支援も受けるようになり，今日のグラミン銀行に発展していったのである。

マイクロ・クレジットを始めた当初のユヌス氏は，大学の教授ではあったが，役人のように，制度を作るための公式権限を持っているわけでもなければ，大企業の経営者のように，必要な大資本を持っているわけでもなかった。それでも，ユヌス氏は，確固たる信念のもと，わずかな資金を元手に，このプロジェクトを推進したのである。

また，グラミン銀行の発展に貢献したその他の人たちも，ユヌス氏に権限があったから行動したのではなく，ユヌス氏の信念や発想に共鳴したからこそ，ユヌス氏とともにグラミン銀行を発展させようと行動したのである。ユヌス氏は，権限がなくても，信念と発想，そして自らの行動によって，他の人に対してリーダーシップを発揮してきたと言える。

ある地方公共団体の一部門におけるミッション設定

ここまで大きな話でなくても，権限に依存しないリーダーシップは存在する。筆者が関わったある地方公共団体の一部門において，部門のミッションを定め

よう，ということになった。その部門では，日頃，職員が机を離れて作業をすることが多いため，メンバー同士のコミュニケーションがとりづらく，相互に協力や連携がなかなか進まないことに悩みを抱えていたからである。

　そのような状況を見たある若手の女性職員が，「みんなでミッションを共有することができれば，たとえ作業をする場所が離れていても，相互に連携・協力することができるのではないか」と発案したのである。これに対して，課長も含めて全員が賛同し，全員で部門のミッションを創り上げるところから始めることになった。

　実際にミッションを創り始めてみると，全員で創り上げるプロセスそのものがコミュニケーション機会を増やし，参画意識や仲間意識を高めることがわかった。最終的にミッションはできあがり，全員で共有されたのであるが，ミッションそのものよりも，その作成プロセスが大きな功を奏したようである。

　部門のミッションを創る，というミニ・プロジェクトのおかげで，その部門は，それまでと比べて職員が生き生きと仕事に取り組むようになった。また，相互に連携や協力ができるチームワークがとれる職場に変わったのである。

　この発案を行った女性職員は，課長でもなければ係長でもない。課の運営に何の権限もない職員である。ただ単に，大学時代に勉強した経営学のテキストに，"ミッションが重要である"と書いてあったことを思い出し発案しただけである。しかし，**この何の権限もない女性職員の発言，すなわちリーダーシップが，職場の活性化に大きな影響を及ぼしたのである**。

　このように，たとえ公式の権限を持っていなくても，リーダーシップを発揮することはできるし，それによって，効果的に問題が解決されることはよくある。つまり，リーダーシップを発揮することができるのは，チームの中で権限を持っているリーダー的な地位にある人だけではない。公式の権限を持たない部下であっても，十分にリーダーシップを発揮する機会はあるのである。

2　誤解2：全員がリーダーシップを発揮すると現場が混乱する

　実務家の中には，複数の人がリーダーシップを発揮しようとすると現場が混

乱する，と考えている人がいる。しかし，これも誤解である。そもそも，混乱が生じるような，状況が複雑で曖昧な現場では，1人の人による指示・命令だけでコントロールすることはできない。むしろ複数のリーダーシップを発揮するほうが効果的にコントロールできる。もし，そのような現場で，複数によるリーダーシップによって混乱が生じているとすれば，それは，複数によるリーダーシップの問題ではなく，複数の人が"不適切な判断"によるリーダーシップを発揮していることが問題なのである。

　図表9-2aは，複数の人が不適切なリーダーシップを発揮している様子を示したものである。一方，図表9-2bは複数の人が適切にリーダーシップを発揮している様子を示したものである。図表9-2aと図表9-2bを見比べればわかるとおり，図表9-2aでの混乱の原因は，複数の人がリーダーシップを発揮していることではない。複数の人が不適切なリーダーシップを発揮していることである。複数の人が適切にリーダーシップを発揮することができれば，図表9-2bで示すとおり，さまざまな視点からアプローチをすることができる。このため，複雑な問題や曖昧な問題については，複数のリーダーシップによるアプローチのほうが効果的なのである。

1人の人によるリーダーシップの限界

　そもそも，1人の人がリーダーシップを発揮するだけでは，現場の混乱は避けられない。1人の人だけがリーダーシップを発揮する，ということは，メンバー全員が，1人の影響力のもと行動する，ということである。つまり，1人のリーダーが，他のメンバーのすべての行動をコントロールする，ということである。

　非常に単純な作業であれば，これは可能である。プロセスが明確で定型的な仕事であれば，リーダーの指示・命令通りに動くだけで，その作業を完遂することができる。

　しかし，通常の仕事であれば，リーダーの指示・命令に従って行動するだけで仕事を成し遂げるのは難しい。仕事の複雑性や曖昧性が高く，かつ，素早い

第9章 シェアド・リーダーシップに関する3つの誤解

図表9-2a　複数の不適切なリーダーシップによって混乱している状態

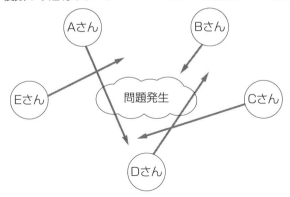

図表9-2b　複数の適切なリーダーシップが効果を発揮している状態

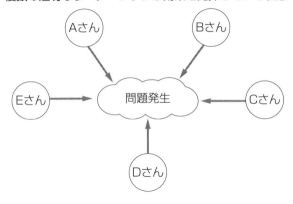

対応を求められる仕事では，まず無理である。

　接客の仕事を考えてみればわかる。接客の仕事の中には，マニュアルが完備されているものもある。そのような場合，マニュアルに従って行動していれば，基本的な仕事をこなすことはできる。しかし，実際の現場では，マニュアルに書かれていないさまざまなことが起きる。予想もつかないクレームをつけられたり，こちらが想定していないような要望を出されたりすることもあるかも知れない。

アメリカのスターバックス・コーヒー店での話である。泣き出した乳児に店内で授乳を始めた母親を見とがめた中年女性が，店員に対して大声で「気分が悪いから止めさせなさい」と大騒ぎしたそうである。文句を言われた店員は，女性に対して「かしこまりました」と微笑み，母親のところに近づいた。追い出されるのかと心配した母親に対して店員は，コーヒー１杯分のサービス券を渡し，「次回のご来店の際にお使いください。本日，このような不快な目に遭わせてしまったお詫びです」と言ったそうである。

接客をしていれば，さまざまなハプニングと遭遇する。その際に，現場の店員がどのような対応をするかによって，店舗どころか企業全体のイメージが影響を受ける可能性がある。

この店員の対応が良いかどうかは見解が分かれるところである。しかし，少なくともこの店員は，マニュアルに書かれていないハプニングに対して，自分で判断して行動している。

起きうるハプニングをすべて想定してマニュアルをつくることは不可能である。このため，ハプニングが起きれば，多くの場合は自分で判断しなければならない。したがって，マニュアルを整備しておくことよりも，各自が自ら判断できるようにしておくことのほうが重要である。

接客に限らず，どの仕事であっても，ルールや指示・命令だけで行動のすべてをあらかじめ定めておくことはできない。このため，その場で判断することが求められる。必要があれば助けを求めたり，逆に手をさしのべたり，必要な情報を職場で共有したりすることも必要となろう。このような**各自の判断によるリーダーシップの発揮がなく，単にルールや指示・命令だけに従って行動すれば，現場はかえって混乱する**。

リーダーシップを発揮するための適切な判断

しかし，各個人に任せてしまうと，各自が好き勝手にリーダーシップを発揮してしまう恐れがある。その結果，みんなで不適切なリーダーシップを発揮す

る事態になってしまうかもしれない。

　そのような事態を避けるためには，メンバーの全員が，自分で適切に判断できるようになっていなければならない。そうなれば，メンバーに任せたとしても，自ら適切に判断し，その判断のもとに適切なリーダーシップを発揮することができるようになる。

　それでは，適切な判断をするためには，何が必要だろうか。この点については，第3部第12章にて詳細に記している。このため，ここでは簡単に触れることにする。

　ごく単純化して言ってしまえば，職場全体を把握していることである。もう少し具体的に言えば，次の4つを把握しておくことが重要となる。職場の方向性，職場の状況，職場の他のメンバー，そして職場での自分の4つである（図表9-3）。

　まず第1に，職場のメンバーが，職場のミッション，ビジョン，戦略，目標を理解していることである。職場が大事にしていること，職場が進もうとしている方向性，職場の行動指針などを理解したうえで，これらに沿った形で判断することが必要となる。

　第2に，職場の状況を把握していることである。職場で，今，どのような仕事が行われているのか，職場でどのような問題が生じているのか，職場の雰囲気はどのようなものなのか，といった点について理解したうえで判断することが必要となる。

　第3に，職場の個々のメンバーについて把握していることである。他のメンバーは，どのようなことを得意とし，どのようなことを苦手としているのか。

図表9-3　職場全体の把握

職場の方向性	職場のミッション，ビジョン，戦略，目標
職場の状況	職場で行われている仕事や生じている問題
職場の他のメンバー	他のメンバーの得手・不得手や他のメンバーの感情や仕事の進捗状況
職場での自分	自分自身の得手・不得手や自分が求められている役割

また他のメンバーは，今，どのような仕事をしているのか，どのような感情を持っているのか，などといった点を理解したうえで判断することが求められる。

　最後に，自分自身について把握していることである。自分は何を得意とし，何を苦手としているのか，また，どのような役割を職場の中で求められているのか，といった点について理解したうえで判断することが必要となる。

　このように，職場の誰もが職場のミッション，ビジョン，目標，戦略を理解し，職場全体の状況を理解し，職場の他のメンバーを理解し，かつ，自分自身を理解したうえで判断することができれば，全員リーダーシップを発揮したとしても，現場が混乱することはない。

サッカー・チーム

　サッカーの試合を考えてみてもらいたい。サッカー・チームには，監督やコーチといった，公式のリーダーが存在する。また，チーム・メンバーの中にも，キャプテンという公式に認められたリーダーが存在する。

　しかし，実際に試合が始まってしまえば，メンバーは，自ら判断し，相互に影響力を及ぼし合いながら行動を起こす。大まかな戦術は監督の指示に従うかも知れないが，実際に受け取ったボールをドリブルするのか，パスをするのか，パスをするとすれば誰にパスをするのか，などといった判断は，選手自らが行う。

　ボールを持った味方が敵に囲まれ，自分の周りに敵がいないとき，「こっちにボールをよこせ」などと声をかけることもあるだろう。その声を聞いた味方がパスをすれば，声をかけた選手がリーダーシップを発揮し，味方はそのリーダーシップに従ったことになる。このような声かけは，キャプテンとか年齢とかポジションには関係ない。チャンスがある，と思えば誰でも声をあげる。

　しかし，みんなが声をあげて混乱する，などということはほとんど起こらない。なぜなら，全員がボールの行方や相手・味方の状況など，試合全体の状況を把握し，ここで自分が声を出すことが勝つために大事であると感じたときに声を出すからである。もちろん，たまには声を出す人が被ることはあるだろう。しかし，全員が声をあげてメンバー全員が混乱する，などということは，優れ

たチームではまず生じない。

　全員がチームのミッション，ビジョン，戦略を共有し，なおかつ"この試合に勝つ"という目標を共有し，さらに，勝つための戦術や味方の選手の特徴も共有する。また，相手チームの得意な戦術を理解し，相手チームの選手の特徴も理解している。当然のことながら，ボールがどのような状況にあり，敵・味方の選手がどのような位置にいるかも把握している。そして，何よりも，自分がどのようなプレーが得意で，チームの中でどのような役割を期待されているのかを理解している。このようなチームであれば，全員が，的確なタイミングで的確な声を出すことができる。自ら行動することもできるし，味方に適切な指示をすることもできる。皆がバラバラになって選手が混乱する，などということは起こりえない。

　職場でも同様である。もし，みんなが勝手にリーダーシップを発揮して現場が混乱するとすれば，それは，リーダーシップを発揮していること自体が問題なのではない。職場のメンバーそれぞれが，職場のミッションやビジョン，戦略，目標を理解せず，また，職場の状況やそれぞれのメンバーを理解せず，さらに，自らが期待される役割を理解しないまま勝手な判断でリーダーシップを発揮するから混乱するのである。そのような職場であれば，たとえリーダーシップを発揮しなくても混乱するであろう。リーダーシップ以前の問題だからである。そもそも，そのような職場では，リーダーシップがあろうがなかろうが，高い成果など期待できない。

　職場で良い成果を出そうとすれば，メンバー間で職場全体を共有し，なおかつ，各自が期待されている役割を理解することが必要となる。考えてみれば，当たり前のことである（そのような当たり前のことが意外に難しいのだが…）。そのような当たり前のことができている職場であれば，みんながリーダーシップを発揮したとしても，混乱することはないはずである。

3　誤解3：誰もがリーダーシップを発揮できるわけではない

　「リーダーには向き不向きがあって，誰もがリーダーシップを発揮できるわ

けではない」と考えている人もいる。これも誤解である。このような誤解が生まれるのは、さらに、次の２つの誤解があるからである。１つは、リーダーシップそのものについての誤解であり、もう１つは、リーダーシップの獲得についての誤解である。

リーダーシップそのものについての誤解

　リーダーシップというと、カリスマ的なリーダーシップを思い出す人が多い。松下幸之助やスティーブ・ジョブズなどによるリーダーシップが、ビジネス界でよく思い出されるリーダーシップである。そこまで極端でなくても、会社で言えば誰もが認める有能な部長や、部下のやる気を引き起こす話ができる課長のリーダーシップを思い浮かべるかも知れない。

　しかし、リーダーシップの定義は、"職場の目標を達成するために他のメンバーに及ぼす影響力"である。つまり、他を圧倒するほどの仕事能力やすばらしいプレゼン力だけがリーダーシップではない。職場の目標の達成に貢献できる影響力であれば、何でもリーダーシップなのである。

　例えば、仕事が行き詰まっていて落ち込んでいる人に対して、悩みを聞いてあげたり、他のメンバーの仕事がはかどるように、誰も見ていないところで職場の整理をしたりすることも、リーダーシップである。なぜなら、これらの行動も職場の目標達成に貢献する影響力だからである。

　「定義はあくまでも研究上の話であって、実際には、カリスマ型のような影響力が大きいリーダーシップが必要だ」と考える人もいるかも知れない。確かに、激変期にカリスマ型リーダーシップが有効であることは否定しない。新しい事業を立ち上げたり、業績悪化が続いている会社を立て直したりするときには有効であろう。

　しかし、先行研究から、**カリスマ型リーダーシップにはダーク・サイドがあることもわかっている**[3]。その影響力が強すぎることが、かえって弊害になることがあるのである。例えば、カリスマ型リーダーシップを発揮すると、他のメンバーがリーダーを頼りすぎてしまい、メンバー間の考え方の多様性が失わ

れてしまうかも知れない。筆者が，日本の研究開発チームを対象に行った研究でも，同様の結果が示されている。その研究によると，カリスマ型と似ている変革型リーダーシップは，チーム成果にプラスの影響を及ぼす一方で，チーム・メンバーの自由な発言を損なうことで，マイナスの影響も及ぼしていたのである[4]。

　そして何よりも，通常の職場で求められる影響力は，カリスマ的な影響力だけではないだろう。日々の仕事を円滑に進めたり，メンバー同士が連携・協力し合ったりするためには，「気持ちが落ち込んでいる人に声をかけてあげる」といった一見小さな行動でもその影響力は大きい。職場の目標を達成するためには，気遣いや励まし，アドバイスなど，日常の何気ないさまざまな行動が，重要な影響力になっているのである。

　これに加えて最新のリーダーシップ研究では，「○○型リーダーシップといった典型的なリーダーシップを発揮するよりも，自らの強みをリーダーシップとして発揮したほうが効果的である」ということが報告されている。例えば，人前で弁舌を振るうのは得意ではないけれども，粘り強く，諦めないでやり通す性格の人がいたとしよう。そのような人は，誰もがあきらめそうなときにでも，投げ出さず，率先して仕事に取り組むかも知れない。それを見ていた他のメンバーは，その人に勇気づけられて，もう一度取り組んでみよう，と思い直すかも知れない。そうであれば，その人は，立派にリーダーシップを発揮したことになる。得意でない弁舌で無理に人を感動させようとするよりも，よほど効果的である。

　このような考え方をパーソナリティ・ベース・リーダーシップという。詳細は，第3部第12章で述べるが，パーソナリティ・ベース・リーダーシップの考え方は，天性の素質がなくても，リーダーシップを発揮することができることを示している。どんな人であっても，強みがない，という人はいないであろう。ということは，リーダーシップを発揮することができない人はいないのである。

リーダーシップの獲得についての誤解

　もう1つの誤解は，リーダーシップの獲得についての誤解である。人によっては，カリスマ型リーダーシップをみて，リーダーシップは天性のもので，後天的には身につかないと考えるかも知れない。

　確かに，極端なカリスマ型リーダーシップは，誰にでも身につけられるものではない。しかし，日常の何気ない，しかし，目標達成のために重要な行動を考えれば，決して天性のものだけとは言えないだろう。むしろ，誰でも努力次第で，また，経験を積むことで発揮することができる。

　また，カリスマ型リーダーシップのような身につけられづらく思われているリーダーシップであっても，求められる行動の1つ1つを分解してみれば，訓練や経験次第で誰にでも身につけられる行動であることもわかっている。

　実際に，リーダーシップ研究では，リーダーシップが訓練で身につけられることを明らかにしている。例えば，カリスマ型と同様に，通常の人には身につけるのが難しいと思われる変革型リーダーシップについても，訓練次第で育成されることが実証されている。

　変革型リーダーシップ研究の第一人者であるアボリオとバスは，変革型リーダーシップを育成するためのトレーニング・プログラムであるFRLP（Full Range Leadership Program）を開発している[5]。FRLPは，主としてフィードバックと育成計画書の作成から構成されている。MLQ（Multifactor Leadership Questionnaire）という変革型リーダーシップの測定尺度を用いて，トレーニング参加者のリーダーシップ・スタイルを測定し，何が不足しているのか，なぜ不足しているのか，不足しているとどのような問題が生じるのか，といった点を明らかにする。次に，育成計画書を用いて，最終的な目標と目標に至るまでの計画を作成するのである。FRLPは単独のプログラムとしても用いられるが，さまざまなトレーニングと組み合わせて用いられることも多い。

　このFRLPが変革型リーダーシップの育成に実際に役に立つことが，複数の研究で実証されている[6]。つまり，一見，天性のものと思われる変革型リーダーシップでさえ，訓練次第で身につけることが可能なのである。まして，自

らの強みをリーダーシップに活かすのであれば，訓練や経験で，身につけることが可能であろう。リーダーシップは，誰もが身につけることができるのである。

なぜ，身につかない人がいるのか？

　このように「リーダーシップは誰にでも身につけられる」と言うと，「しかし，実際には身につけられない人もいるではないか」という反論が返ってくる。確かに，同じような経験をし，同じような仕事をしていても，リーダーシップをあまり身につけられない人もいる。そのような人をみて，「あぁ，あの人は，もともとリーダーシップを持っている人なのだ」とか「あの人にはリーダーは向かない」などといった感想を持つ人もいるだろう。
　同じような経験を積んでいたとしても，リーダーシップを発揮できる人とできない人がいる。その差は何であろうか？
　それは，学習の差である。仕事そのものであっても，同じ経験から多くを学ぶ人とあまり学ばない人がいる。リーダーシップも同様に，同じ経験であっても，学びの量・質が人によって異なる。
　それでは，リーダーシップについて学ぶ，とはどのようなことであろうか？　それは，リーダーシップの持論を豊かなものにする，ということである。リーダーシップの持論を豊かにすることが，有効なリーダーシップを発揮するために最も効果的だからである。
　つまり，同じ経験でリーダーシップを効果的に発揮できる人は，効果的かつ効率的にリーダーシップの持論を豊かにし続けることができる人である。逆に言えば，同じ経験でも成長しない人は，経験を積んでも，それが，リーダーシップの持論を豊かにすることに結びつけることができない人である。
　それでは，どのようにすれば，効果的かつ効率的にリーダーシップの持論を豊かにすることができるのであろうか？
　それは，ずばり，リーダーシップ持論のPDCAを回し続けることである。どのような仕事であっても，PDCAを回すことが重要であるように，リーダー

図表9-4　同じ経験でも学習によって差が出る

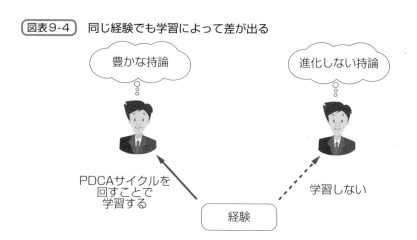

シップ持論についても，PDCAを回すことでバージョン・アップを図ることができる。自らの持論に関する仮説を構築し（＝P），実行してみて（＝D），その効果を検証し（＝C），持論に問題があれば修正し（＝A），新しい持論を構築する（＝P）のである。このようなPDCAを絶えず繰り返すことで，持論はバージョン・アップをし続ける。これがすなわち，持論を豊かにすることである（図表9-4）。

　持論のPDCAを回す，ということは，何か特別な資質が必要となるものではない。通常の業務において，誰もが行っていることである。それを，リーダーシップ持論にも当てはめるだけのことである。つまり，誰もが，リーダーシップ持論を豊かにすることができるのである。課長や部長といった肩書きがなくても，天性の資質がなくても，また，特別な訓練を受けなくても（受けたほうが効果的に身につくことはあると思うが），リーダーシップを発揮することができる。

　このように考えると，リーダーシップは誰にでも発揮できるし，どのような職場であっても，どのようなメンバーであっても，シェアド・リーダーシップは可能なのである。

注

1 French, J. R. P., Jr. and Raven, B. H. (1959) "The bases of social power," in D. Cartwright (ed.), *Studies in social power*, Ann Arbor: MI: Institute for Social Research.

2 これ以降のムハマド・ユヌス氏に関する記述は、Yunus, M. (2009) *Creating a World Without Poverty: Social Business and the Future of Capitalism*, New York, NY: PublicAffairs.(猪熊弘子訳『貧困のない世界を創る ソーシャル・ビジネスと新しい資本主義』早川書房)による。

3 例えば、Yukl, G. (2002) *Leadership in Organizations* (5th ed.) Upper Saddle River, NJ: Prentice-Hall.は、カリスマ型リーダーシップが組織やフォロワーに恩恵をもたらすことができる一方で、その影響力をリーダー自らのために使うことで、全く逆の効果をもたらす可能性もあることを指摘している。

4 Ishikawa, J. (2012) "Leadership and performance in Japanese R&D teams," *Asia Pacific Business Review*, 18, 2 241-258.

5 Avolio, B. and Bass, B. (1991) *The full range of leadership development: Basic and advanced manuals Binghamton*, Binghamton: NY: Bass, Avolio & Associates.を参照のこと。

6 例えば、Avolio, B. J. and Bass, B. M. (1994) *Evaluate the impact of transformational leadership training at individual, group, organizational and community levels (Final report to the W. K. Kellogg Foundation)*, Binghamton: NY: Binghamton University, Avolio, B. J. and Bass, B. M. (1998) "You can drag a horse to water but you can't make it drink unless it is thirsty," *Journal of Leadership & Organizational Studies*, 5, 1 4-17, Barling, J., Weber, T. and Kelloway, E. K. (1996) "Effects of transformational leadership training on attitudinal and financial outcomes: A field experiment," *Journal of Applied Psychology*, 81, 6 827, Dvir, T., Eden, D., Avolio, B. J. and Shamir, B. (2002) "Impact of transformational leadership on follower development and performance: A field experiment," *Academy of Management Journal*, 45, 4 735-744, Kelloway, E. K., Barling, J. and Helleur, J. (2000) "Enhancing transformational leadership: The roles of training and feedback," *Leadership & Organization Development Journal*, 21, 3 145-149.など。

第10章
日本企業とシェアド・リーダーシップ

　「リーダーシップを発揮すべきなのは上司であり，部下は，そのようなものを発揮すべきではない」という考え方は，上下関係を重んじる日本の伝統的な文化に起因しているので，そう簡単には変えられないと思う人もいるかもしれない。確かにシェアド・リーダーシップという考え方は，欧米のリーダーシップ研究の中で生まれたものである。

　しかし，その考え方は，むしろ日本の企業のほうが受け入れられやすい。なぜなら，わざわざ，それをシェアド・リーダーシップと呼ばなくても，日本の企業では，それに近い考え方がこれまでも推奨されてきたからである。

権限格差についての誤解

　そもそも，なぜ「部下はリーダーシップを発揮すべきではない」という考え方が，日本の伝統的な文化に起因していると考えるのであろうか？　それは，文化的次元の1つである権限格差の受容度が影響していると思われる。

　権限格差の受容度とは，異文化マネジメントで最も著名な研究者の1人であるホフステドが提唱する4つの文化次元の1つである[1]。ホフステドは，世界40カ国のIMB社員116,000人を対象とした調査から，国の文化は，次の4つの次元に分けることができると主張した。個人主義－集団主義，男性型－女性型，不確実性回避の志向の高低，そして権力格差の受容度の高低の4つである（図表10-1）。

　このうち，権限格差の受容度とは，権限が組織内で不平等に配分されていることについての受容度である。「上司だから権限を持っているのは当たり前」とか「先生には従うのは当然だ」と考える傾向が強い人は，権限格差の受容度

図表10-1 文化の4次元

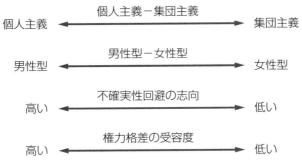

出所：Hofstede（1991）を参考に筆者作成。

が高い人である。一方で，「上司や先生だからといって，一方的に従わなければならないのはおかしい」と考える傾向が強い人は，権限格差の受容度が低い人である。

人によって権限格差の受容度は違うが，文化によっても違うことをホフステッドは指摘している。つまり，国によって，権限格差の受容度が高い国と低い国がある，ということである

この点について，一般に，日本は権力格差の受容度が高い国だと考えられている。つまり，「上司が特別な権限を持つことは当然だ」と考える傾向が強い，ということである。このため，「上司が，その権限に基づいてリーダーシップを発揮するのは，上司の仕事である」と考える傾向が強いと考えるのである。

しかし，実際には，日本は世界の中で，それほど権限格差の受容度が高い国というわけではない。確かに，アメリカやイギリス，ドイツ，および北欧の国々と比べると相対的に高いが，マレーシアやフランス，ベルギーなどより低く，世界的に見ても，中位より少し高め，といった程度である（図表10-2参照）。日本人が，世界の中で際だって「上司に特別な権限があってしかるべき」と考えているわけではない。

もし，日本の文化は権限格差の受容度が高すぎて，日本ではシェアド・リーダーシップがうまく機能しないと主張するのであれば，日本よりも権限格差の

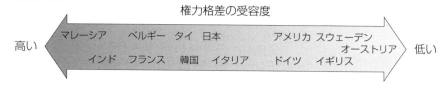

出所:Hofstede(1991)を参考に筆者作成。

　受容度が大きい国は,すべて,シェアド・リーダーシップが機能しないことになる。

　しかし,実際には,日本よりも権限格差の受容度が高いと考えられている中国においても,シェアド・リーダーシップが有効に機能していることが報告されている[2]。また,先述したとおり,日本においても,シェアド・リーダーシップは有効に機能することが明らかになっている。

　つまり,日本はそれほど権限格差の受容度が高い国ではないし,また,そもそも,権限格差の受容度とそれほど関係なく,シェアド・リーダーシップは有効に機能するのである。つまり,「日本では上下関係を重んじるので,部下がリーダーシップを発揮するのは難しい」という考え方は誤解に過ぎないのである。

日本企業の職務概念

　リーダーシップを"職場やチームの目標を達成するために他のメンバーに及ぼす影響力"ととらえると,むしろ,日本企業では,リーダー的地位にいる人以外にも,その発揮が推奨されている。それは,日本の職務概念の考え方に起因している。

　図表10-3をみてもらいたい[3]。これは,2つの極端な職務概念に対する考え方の違いを示したものである。図の白い部分が,担当者に明確に割り当てられた職務であり,黒い部分が,誰の担当であるか明確にされていない職務である。

第10章　日本企業とシェアド・リーダーシップ

図表10-3　職務概念の違い

出所：石田（1985）。

　左側の組織では，ほとんどが白い部分で，担当が不明確な職務はほとんどみられない。つまり，構成メンバーの職務の範囲が明確に定められ，それぞれ重なり合うところもなければ，また，誰にも帰属しない職務も存在しない。

　これに対して，右側の組織では，誰にも明確に割り当てられていない黒い部分が多い。また，各メンバーの主たる職務は割り当てられているが，誰にも割り当てられていない職務も多く存在する。

　それでは，右側の組織で誰にも割り当てられていない職務は，誰が担当するのであろうか？　それは，メンバー間が融通し合って，衝突を避けたり穴をあけたりしないように，柔軟に対応するのである。つまり，右側の組織では，メンバーは，割り当てられた職務だけを担当していれば良いというわけではない。それ以外の職務であっても，それが必要だと気づき，かつ，それを行う余力があれば，その人が担当することが求められるのである。

　当然のことながら，右側の組織が，典型的な日本企業である。レストランや喫茶店を例に取ればよくわかる。日本のレストランや喫茶店の多くでは，ウェイター／ウェイトレスが複数いた場合，誰に声をかけても，先方の手さえ空いていれば対応してくれる。広い店の場合，おおよその持ち場というのは決められているが，その持ち場でなくても，手さえ空いていれば対応してくれる。

　一方，アメリカやヨーロッパでは，ウェイター／ウェイトレスの持ち場は厳格に定められており，たとえ，自分の手が空いていたとしても，持ち場以外の客には対応しない。これは，報酬の一部がチップ制であることによるところが大きいが，何よりも，職務に対する考え方の違いが大きく影響している。アメ

リカやヨーロッパでは職務の範囲が厳密に定められ，定められた範囲内で仕事をこなすことが求められる。これに対して，日本では，職務の範囲は曖昧にされ，相互に柔軟に対応しながら仕事をこなすことが求められるのである。

この話は，レストランや喫茶店に限った話ではない。どこの企業でも，自分に割り当てられた仕事だけをして，それ以外の仕事に一切手を出さない人がいたとすれば，その人が「あの人は自分の仕事に熱心だね」とポジティブにとらえられることはあまりない。むしろ「あの人は気が利かない」とか「あの人は仕事ができない」とネガティブにとらえられることのほうが多い。

つまり，日本の企業では，自分の本来の職務を越えて仕事をこなすことが奨励されているのである。図表10-3の右側の図でいえば，自分の丸を越えて仕事をこなしたり，自分の丸の範囲を自ら大きくしたりすることができる人が，いわゆる"仕事ができる人"なのである。

なお，自らの職務を越えて仕事を融通し合い柔軟に対応することは，職場や組織全体にはメリットがある。メンバーが，割り当てられた職務だけしか行わなければ，顧客に対しても硬直的にしか対応できないし，不測の事態や機会に柔軟に対応できないからである。

このため，組織行動論の研究では，OCBという概念が注目されている。OCBとはOrganizational Citizenship Behaviorの略で，日本語では組織市民行動と訳されることが多い。OCBとは，割り当てられた仕事ではないが，職場や組織，他のメンバーのためになる行動である。困った同僚を助けたり，緊急時に，自分が担当していない顧客に対応したりする行動がこれに含まれる。

海外の組織行動論の研究では，従業員がOCBを行うことがマネジメント上重要なメリットをもたらすと考え，いかに従業員のOCBを引き出すことができるか，といった点に焦点を当てて多くの研究が行われている。

しかし，これは，多くの日本人からすれば滑稽な話である。なぜなら，自分に割り当てられた職務以外であっても，必要であれば対応するのは当たり前のことだからである。リーダーシップを，上司だけでなく部下も発揮する，という考え方も同様で，海外では新しい考え方かも知れないが，日本では当たり前の考え方である。

リーダーシップを"職場やチームの目標達成に向けた影響力"と考えれば，実は，職場の誰もが発揮することを求められてきたはずである。自分の仕事が終わっても，仕事が残っている同僚がいたら手伝ってあげたり，職場の誰も知らない情報を得てきて共有したり，といった行動ができる人は，"仕事ができる人"である。一方，上司にだけリーダーシップを期待し，その指示・命令にひたすら従うだけ，という人は，指示待ち族と呼ばれ"仕事ができない人"と見られる。つまり，シェアド・リーダーシップなどという概念を用いなくても，職務範囲を曖昧にとらえている日本企業では，潜在的に，みんながリーダーシップを発揮することが求められるのである。

　シェアド・リーダーシップは，一見すると奇異に見られたり，机上の空論のようにとらえられたりする。また，欧米発のリーダーシップ理論であるため，日本企業では適さないと思われることもある。しかし，よくよく考えてみると，日本企業では日頃から奨励されているリーダーシップであり，日本企業にこそ適合性が高いリーダーシップであることがわかる。

注■────────────
1　ホフステッドの研究については，Hofstede, G. (1991) *Cultures and Organizations : Software of the Mind*, New York: McGraw-Hill.を参照のこと。
2　Liu, S., Hu, J., Li, Y., Wang, Z. and Lin, X. (2014) "Examining the cross-level relationship between shared leadership and learning in teams: Evidence from China," *Leadership Quarterly*, 25, 2 282-295.など。
3　この図および職務概念の曖昧さについての考え方は，石田英夫（1985）『日本企業の国際人事管理』日本労働研究機構，をもとにしている。

第3部　職場をシェアド・リーダーシップにするために

　第2部では，職場をシェアド・リーダーシップの状態にすることができれば，職場のメンバーの職務満足やモチベーションが高まり，職場の業績も高まることを明らかにしてきた。また，シェアド・リーダーシップが机上の空論ではなく，日本企業に適合性がある実現可能なリーダーシップであることも明らかにしてきた。
　しかし，そうはいっても，放っておいて自然に職場がシェアド・リーダーシップの状態になるわけではない。職場によっては，シェアド・リーダーシップに近い状態になっているところもあるかもしれない。しかし，上司が一方的にリーダーシップを発揮している職場や，誰もリーダーシップを発揮していない職場など，シェアド・リーダーシップとはほど遠い職場が少なからず存在することも事実である。
　それでは，どのようにすれば職場をシェアド・リーダーシップの状態にすることができるだろうか？
　第3部では，この問いに答えるために，分化と統合という概念を用いて，職場をシェアド・リーダーシップの状態にするために必要な要因を明らかにしていく。

第11章
分化と統合の実現

　シェアド・リーダーシップの状態にするために何が必要となるのだろうか？　この疑問に対して，ごく単純化して答えると以下のとおりとなる。

シェアド・リーダーシップの状態を出現させるためには，以下の状態を同時に達成することが必要となる。

　分化とは何で統合とは何であろうか？　また，両者を達成するために何が必要となるのであろうか？

　分化と統合という考え方は，著名な組織論の研究者であるローレンスとローシュの組織形態の議論に基づいている[1]。ローレンスとローシュは，さまざまな企業の組織形態とその業績，および組織環境を調査した結果，変化が激しい組織環境においては，分化と統合の両方を達成する必要があると指摘している。

　分化とは，構成要素のそれぞれが，自らの目標に向けて自律的に動く状態である。組織で分化が達成されているさまとは，組織内の各部局が，自らの目標を定め，自らの権限と責任のもと，自律的に動いているような状態である。これを職場に落とし込んで考えた場合，各メンバーが，いちいち指示命令によらず，自律的に動いているさまを言う。

　一方，統合とは，構成要素のそれぞれが，1つの目標に向かって協調・連携しながら活動している状態である。組織で統合が達成されているさまとは，組織内の各部局が，組織全体の目標に向けて，相互に連携を取りながら動いているような状態である。職場で考えた場合，メンバーが職場目標のために，相互

に連携を取りながら仕事をしている状態である。

どの職場であっても，多かれ少なかれ，分化と統合の両方を達成している。分化だけでも統合だけでも職場はうまく機能しないからである。

一方で，分化と統合は正反対の方向に力が働く。分化を進める力とは，各メンバーが職場の外に向けて自律的に動き出す力である。一方の統合を進める力とは，職場内でメンバーが結束する方向に働く力である。このため，両者を高いレベルで両立させることは難しい。

しかし，ローレンスとローシュは，組織環境の変化が激しい中で業績を上げている組織は，分化と統合を両立させていると指摘している。つまり，そのような組織では，組織の各部局が高い自律性を保持しながら，全体最適に向けて相互に連携・協力を行っているのである。

職場も同様に，両者を同時に達成することは可能である。職場のメンバーが，それぞれ自律的に活動し，なおかつ，職場目標達成のために連携・協力しているような職場である。そして，そのような職場だけが，シェアド・リーダーシップによるメリットを享受できるのである。

それでは，分化と統合の両方を達成する職場にするために，何が重要になるのであろうか？　両者を両立させるためには，まず，職場の分化と統合の双方を強めることが必要になる。職場の分化を促進する主たる要因は以下3つである。

1）自己効力感
2）パーソナリティ・ベース・リーダーシップ
3）多様性を認める風土

一方，職場の統合を促進する主たる要因は以下の2つである。

1）目標の共有化
2）視点の変化（上からと現場の両方の視点）

図表11-1　シェアド・リーダーシップを促進する要因

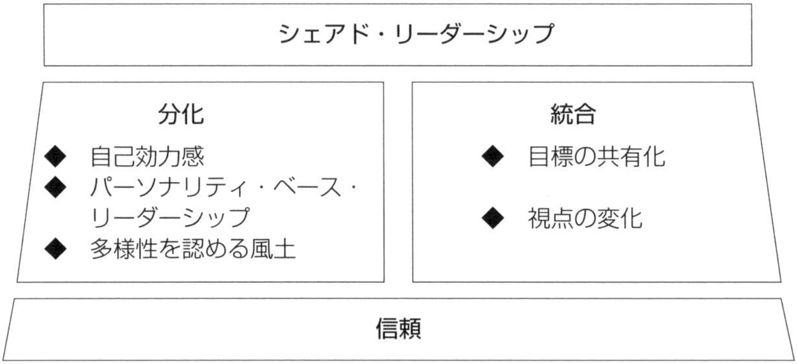

```
┌─────────────────────────────────────────┐
│         シェアド・リーダーシップ          │
├──────────────────┬──────────────────────┤
│      分化        │        統合          │
│ ◆ 自己効力感     │ ◆ 目標の共有化       │
│ ◆ パーソナリティ・│                      │
│   ベース・       │ ◆ 視点の変化         │
│   リーダーシップ │                      │
│ ◆ 多様性を認める │                      │
│   風土           │                      │
├──────────────────┴──────────────────────┤
│                信頼                     │
└─────────────────────────────────────────┘
```

　職場をシェアド・リーダーシップの状態にするためには，分化と統合のどちらも高レベルにする必要がある。そのために，これらの5つが重要な促進要因となる。

　一方，分化と統合という相反する事象を同時に出現させるためには，そのベースとして，職場のメンバー間に信頼関係が構築されていることが必要となる。信頼関係があってこそ多様性を認める風土ができあがったり，目標が共有化されたりするからである。

　これらの関係を図で示すと，図表11-1のとおりとなる。分化と統合の双方がシェアド・リーダーシップの状態を出現する。両者を同時に達成するために，職場での信頼関係構築が必要となる。

　以下では，分化と統合を達成するために必要な要因について詳述していく。

注
1　詳しくはLawrence, P. R., Lorsch, J. W. and Garrison, J. S. (1967) *Organization and environment: Managing differentiation and integration*, Boston: MA: Harvard University.を参照のこと。

第12章
職場の分化促進

　トップに立つ人にリーダーシップは必要である。特に，組織の変革期は，強力なリーダーシップが求められる。しかし，トップのリーダーシップだけで組織は機能しない。また，そのリーダーシップが強すぎることによって，かえって弊害をもたらすこともある。

　債務超過により窮地に陥っていたスカイマーク（当時，スカイマークエアラインズ）に対して，2003年に，私財30億円以上を投じてその危機を救ったのは西久保愼一氏であった[1]。西久保氏は，筆頭株主になると，2004年には社長に就任し，本格的なスカイマークの立て直しに入った。
　西久保氏のカリスマ的なリーダーシップと効率重視の経営により，スカイマークは，2011年には2年連続で100億円を超える営業利益を出すところまで回復をした。瀕死のスカイマークが西久保氏によってよみがえったのである。
　西久保氏の効率重視は末端まで徹底され，社員は，最も効率的な働き方，すなわち，機械のような働き方を強いられた。このため，現場の自主性も奪われることになった。自主的な勉強会は禁止され，能力育成のための研修も行われなくなった。さらに，社員の机は，序列の低い順に整然と並べられた。まるで，上司が部下の仕事ぶりを常に監視しているような雰囲気である。ある幹部は当時の様子を「就業中は雑談できない雰囲気だった」と語っている。
　このような西久保氏の徹底した効率重視の方針には，社内外からの批判もあった。例えば，不満を持った整備士が大量に退職し，機長の退職も相次いだ。
　このような事態に対しても，西久保氏は意に介さず，自らの信念や行動を

変えることはなかった。その結果，業績が悪化し，2015年には経営破綻を招くことになる。当時の負債総額は710億円である。

スカイマークが破綻した最大の原因は，その拡大路線の失敗にある。しかし，現場が萎縮し，自ら顧客満足を上げようとか，新しいマーケティング戦略を考えようという雰囲気がなくなってしまったことも大きな原因と考えられる。また，西久保氏の拡大路線に対して，疑問を呈したりストップをかけたりする人が社内にいなかったことも，重要な原因の1つと言えよう。西久保氏の強烈なカリスマ型リーダーシップが，他のメンバーの自主性を奪ってしまったのである。

もし，そうだとすれば，瀕死のスカイマークを救ったのも西久保氏のカリスマ型リーダーシップであるが，社員のリーダーシップを抑圧し，結果的にスカイマークを破綻させてしまったのも，西久保氏のカリスマ型リーダーシップであるといえる。

トップ・マネジメントのリーダーシップは重要である。時には，カリスマ型リーダーシップが功を奏することもあるだろう。しかし，それ以上に重要なのは，社員の全員が，持続的にリーダーシップを発揮していくことである。

そのためには，彼ら／彼女らを抑圧するのではなく，1人1人がリーダーシップを発揮できるように，のびのびと自らの考えに基づいて行動できるようにすることが重要である。そして，そのためには，メンバーの自己効力感を高めること，メンバーのパーソナリティ・ベース・リーダーシップ（自分の性格や能力上の強みを活かしたリーダーシップ）を促進すること，そして多様性を認める職場風土を創り上げることが必要となる。

1　自己効力感

職場の分化を進めるために必要なことの1つは，職場のメンバーの1人1人が高い自己効力感を持つことである。

自己効力感を持つことで，職場メンバーの各自が，自らの判断で職場の目標

達成に向けた行動をとるようになるからである。

　本田技研工業の創業者である本田宗一郎氏は，自己効力感が高かったことで知られている[2]。本田氏は，躊躇したりネガティブに考えたりする社員に対して，「やってみもせんで」と言って叱咤激励したそうである。その心には，本田氏の以下のような考えがあった。

　「多くの人ができるとかできぬとか申しますが，できぬと断定できるのは神様だけであります。進歩を義務づけられている人間の辞典には，不可能という言葉はあり得ないと私は考えます。」

　本田氏は，創業当初から，全世界の自動車競争の覇者になることを夢として掲げ，ことあるごとに社員を鼓舞していた。まだ，本田技研工業が町工場の域を出ない時から，真剣に世界を目指していたのである。また，倒産の危機であった1954年に，世界のホンダを実現し，日本の全産業を啓蒙するために，イギリスのマン島TTレースへの出場を宣言している。誰もが日本企業になど無理だと言う優勝を本気で目指したのである。

本田氏が，草創期からいくつもの危機的状況を乗り越えて本田技研工業をグローバル企業に育て上げることができたのは，氏の高い自己効力感に基づくリーダーシップによるところが大きいと言える。

なお，本書第2部第7章では，シェアド・リーダーシップが自己効力感を高めることを指摘した。この指摘は，自己効力感がシェアド・リーダーシップの原因ではなく結果である，という主張である。確かに，職場がシェアド・リーダーシップの状態になると，職場のメンバーの自己効力感は高まる。自らの能力を最大限に発揮することができると感じるからである。

しかし，職場のメンバーの自己効力感は，職場をシェアド・リーダーシップの状態にすることにも貢献する。後述するとおり，自己効力感が高い人は，自ら行動を起こそうとしたり，自ら影響力を発揮しようとしたりするからである。

図表12-1 シェアド・リーダーシップと自己効力感の関係

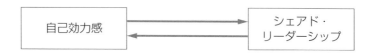

このように考えると,自己効力感は,シェアド・リーダーシップの原因にもなり得るし,また,結果にもなり得る。つまり,両者は,双方向の因果関係で結ばれているのである(図表12-1)。以下では,シェアド・リーダーシップの原因としての自己効力感について詳述していく。

自己効力感とは?

自己効力感とは,仕事を達成するうえで必要な能力を有していることについての信念である。単純化して言ってしまえば,自分の仕事をうまくこなし,目標を達成することができることについての自信である[3]。

しかし,それは,一般的に考えられているような自信とは違う。"自信がある"ということについて,一般的にはネガティブにとらえられることもある。「あの人は自信家だ」とか「あの人は,いつも自信たっぷりに物事を言う」などと言った表現は,どちらかというと悪口に近い表現である。なぜなら,自信がある人は,傲慢に振る舞うと考えられているからである。また,「"自信がある"ということと,実際に"できる"ということは違う」とも考えられている。

しかし,往々にして,自らの自慢をしたり,傲慢に振る舞ったりする人は,真の意味の自信がない場合が多い。自信がないからこそ,自らを大きく見せようとするからである。逆に,自らの能力に対して真の自信がある人は,謙虚に振る舞うことが多い。真の自信があれば,自らの能力について他人に吹聴する必要もないし,また,大げさに伝える必要もないだろう。

自己効力感とは,他人に自慢したくなるような表面上の自信ではなく,真の意味での自信である。向き合っている仕事をこなし,目標を達成することができるかどうかについて,冷静な判断のもとにバイアスを排除して下した判断で

ある。したがって，自己効力感が高い人は，無駄に虚勢を張ったりしない。また，自らの冷静な判断に基づいて達成できるかどうかを判断しているため，実際に達成できる可能性は高くなる。

　実際に，自己効力感の高さは，モチベーション，特に困難な課題に対するモチベーションに影響する。困難な課題に直面したとき，自己効力感が高い人は，これを乗り越えられると信じ，一所懸命取り組む。これに対して，自己効力感が低い人は早めに諦めてしまう[4]。

　また，ネガティブなフィードバックに対する反応も大きく違う。自己効力感が高い人が，顧客からのクレームなどネガティブなフィードバックを受けたとき，それを改善しようとさらなる努力をする。これに対して，自己効力感が低い人は，逆に嫌になって努力をやめてしまう[5]。

　このため，自己効力感の高さは個人の成果に重要な影響を及ぼす。例えば，組織行動論研究，特に心理的資本（Psychological Capital）[6]研究の大家であるルーサンスたちは，多数の研究結果を横断的に分析するメタ分析という手法を用いて，自己効力感が仕事に関連した成果に影響を及ぼすことを明らかにしている[7]。

　これに加えて自己効力感は，自らのリーダーシップ発揮にも重要な影響を及ぼす。自らの仕事をこなす自信がなければ，職場で積極的な発言を行うことができない。また，自分の考えを積極的に行動に移すこともできない。さらに言えば，自己効力感がない人がいくら発言したり行動したりしても，職場内の他のメンバーは注意を払わないであろう。このため，他のメンバーに影響を及ぼすことも少ない（図表12-2）。

　したがって，職場のメンバー全員が必要に応じてリーダーシップを発揮するためには，メンバーが高い自己効力感を持っていることが必要となる。もちろん，職場で担当しているすべての仕事に高い自己効力感を持っている必要はない。しかし，自分の得意分野については，高い効力感を持っていることが必要となる。

　新築ビルの受注を目指してプレゼンテーションを行うチームを考えてみよう。チームの中には，ビルの外観や内装について詳しい人がいるかもしれない。ま

図表12-2 自己効力感がリーダーシップ発揮を促す

た，別の人は構造に詳しいかもしれない。経理処理に詳しい人や，工期管理に詳しい人もいるだろう。プレゼンの中身を詰めるのが得意な人もいれば，プレゼンの見栄えを良くすることが得意な人もいるだろう。さらに，プレゼンそのものがうまい人もいるかもしれない。すべての人が，すべてについて精通している必要はない。それぞれのメンバーが，自分が担当している仕事に精通し，その仕事に高い自己効力感を感じていれば良い。そうであれば，必要に応じて各メンバーがリーダーシップを発揮することができ，結果として大きなチームの力になるのである。

自己効力感を高めるために

心理学者で自己効力感研究の第一人者であるバンデューラは，自己効力感は，達成体験，代理体験，言語的説得，生理的情緒的高揚感によって高めることができる，と指摘している[8]（図表12-3）。

図表12-3 自己効力感を促進する4要因

達成体験	自分自身で達成したり成功したりすること
代理経験	他人が達成したり成功したりするのを観察すること
言語的説得	達成する能力があると他人から励まされること
生理的情緒的高揚感	気分の高揚によって達成や成功への自信を強めること

達成体験：自分自身が何かを達成したり，成功したりした経験は，最も重要な要因であるといわれている。仕事で成功を収めた経験がある人は，そのような経験がない人に比べて，今後も仕事で成功を収める自信を持つことができるであろう。

広告代理店の電通は，新入社員研修の一環として，富士登山を実施している。これにはいろいろな意味合いがあるだろうが，社会人になったばかりの新入社員にとって，厳しい試練を乗り越えたという自信が自己効力感につながることも意識されているだろう。

代理経験：他人が何かを達成したり成功したりすることを観察することも重要な要因の1つである。親しい友人が頑張ってTOEICで850点を取ったという話を聞いて，自分にもできるのではないかと感じた場合は，代理経験によって自己効力感が高まったといえる。

なお，この場合の他人は，自分と能力が近いと思われる人のほうが，より自己効力感に強い影響を及ぼす。海外生活が長い友人がTOEICで850点を取ったといわれても，自分にできそうだとは思わない。しかし，自分と同じ高校・大学を出て，同じような仕事や日々の生活を送っている友人が850点を取ったという話を聞くと，自分にもできるのではないかと感じやすい。

最近，大学が主催する女子学生向けのキャリア説明会の登壇者に変化が生じている。これまでは，ロール・モデルとなるような，いわゆる"スーパー・キャリアウーマン"が多かった。しかし，あまり学生から遠い存在だと，学生が共感しづらく，かえって「自分には無理だ」と感じてしまうことがある。こ

のため，最近では，等身大の社会人女性の姿を見せるために，普通に頑張っている普通の女性が登壇者になることが多い。等身大の女性の働く姿を見ることで代理経験し，女子学生のキャリアを切り開くための自己効力感を高めようとしているのである。

　言語的説得：自分に能力があることを言語的に説明されること，すなわち言語的な励ましも，自己効力感を高める効果を持つ。どうせ自分には無理だと考え，顧客のコンペに参加することをあきらめかけていた際に，上司から「君のこれまでの実績を考えれば，一所懸命取り組みさえすれば不可能ではない」という説得を受けて，コンペに向けて努力を始めた，などという場合はこれに当たる。

　その際に，自分の能力や仕事を取り巻く環境について理解している人による説得のほうが，自己効力感に対する影響力が強い。コンペに関する説得でも，仕事の内容や自分の職業能力に関して全く知識がない親戚の人に説得されても，その気にはならないであろう。

　ただし，説得する側は，ピグマリオン効果に気をつける必要がある。ピグマリオン効果とは，教育心理学で用いられる概念の1つで，教師の期待によって生徒の学習効果が異なることを示すものである。

　最も有名な研究の1つがアメリカの心理学者でピグマリオン効果を提唱したことでも有名なローゼンタールとジャコブソンによる小学校の教諭と児童を対象にした実験である[9]。彼らは，クラス担任の教諭に対して，クラスのうちの一部の児童の名簿を示し，その名簿に記載されている児童が，検査で優秀な成績を収めており，今後，成績が伸びるはずであると説明した。その後，数カ月経ってみると，実際に，その児童たちは他の児童に比べて高い成績の伸び率を示した。しかし，教諭に示した名簿は，実際には検査に基づいておらず，無作為に選ばれた児童の名簿であった。つまり，「この児童たちは成績が伸びるはずだ」という教諭の期待が，実際にその児童たちの成績を伸ばしたことになる。これがピグマリオン効果である。

　つまり，心からの期待を込めた説得でなければ，相手方には響かない，とい

うことである。上司が,「本当は心にも思っていないけれど,"君ならできる"と口先だけで部下を励ます」などというのはよく見られる光景である。しかし,心がこもっていない励ましなどは,たいていの部下は見抜いてしまう。一般的には,上司が思っているよりも,部下はずっと賢い。上司の嘘はすぐ見抜かれるのである。

したがって,言語的説得によって自己効力感を高めたいのであれば,表面上の説得ではダメである。本当に,その人に能力があると信じて説得することが必要になる。説得する人が信じていないことは,説得される人は,なおさら信じられないものである。

生理的情緒的高揚：気分の高揚によって,"できる"という自信を強めることもある。飲酒によって気持ちが大きくなり,日頃できないことができそうな気がしてくることなどは,よくあることである。アスリートが試合前に,音楽などで自分の気持ちを高ぶらせることも,生理的情緒的効用による自己効力感の強化につながっている。

コールド・ストーン・クリーマリーというアイス店では,最大サイズのアイスクリームがオーダーされた場合やチップを受け取った場合に,店員が歌を歌うサービスを行っており,陽気なメロディに合わせて店員が歌う場合がある。これは,第一義的には顧客満足のためであろう。しかし,一緒に歌うことで,店員の気持ちも高揚する効果があると思われる。

これ以外にも,職場の自己効力感が高まるように,企業はさまざまな工夫を行っている。職場でシェアド・リーダーシップ状態をつくるためには,職場のメンバーの自己効力感が高まるための工夫を行う必要がある。

2　パーソナリティ・ベース・リーダーシップ

「リーダーシップを発揮できない」とか「発揮することが苦手だ」と感じている人は,なぜそのように感じるのだろうか？　その主たる原因は以下の2つであろう。

1）カリスマ型や変革型リーダーシップのような，影響力があり世間一般ですばらしいリーダーシップと認められるようなリーダーシップを発揮することは，自分には無理である。
2）仕事の状況や部下のモチベーション・態度に応じて，その場に応じたリーダーシップを器用に使い分けることは，自分には無理である。

しかし，これは，どちらも誤解に基づく見解である。1）について言えば，必ずしも効果的なリーダーシップがカリスマ型や変革型だけを意味しているわけではないことは，これまで述べてきたとおりである。また，2）についても，必ずしも状況に応じてリーダーシップを変える必要がないことが，最新のリーダーシップ研究でわかってきている。それが，パーソナリティ・ベース・リーダーシップの研究である。

パーソナリティ・ベース・リーダーシップという考え方

パーソナリティ・ベース・リーダーシップの研究によると，状況に応じてリーダーシップを使い分けたり，変革型やカリスマ型のような既存のリーダーシップ・スタイルをとったりするよりも，自らの強みを活かしたリーダーシッ

図表12-4　フォロワーに合わせるリーダーシップ

フォロワーの成熟度に合わせてリーダーシップ・スタイルを変化

プをとるほうが効果的であることがわかっている。

　リーダーシップのSL理論は、フォロワーの成熟度、すなわち能力や意欲に合わせてリーダーシップ・スタイルを変えることが有効であることを主張している（図表12-4）。例えば、フォロワーの意欲が低く、かつ、能力的にもそれほど高くない場合、上司は指示型リーダーシップをとることが最も効果的である、としている。

　また、カリスマ型リーダーシップ理論で有名なコンガーとカヌンゴは、フォロワーがリーダーをカリスマと認識するためには、5つの行動が重要であると主張している。新しくて魅力的なビジョンの提示、感情が高ぶるようなビジョンの提示、並外れた行動力、自己犠牲、自信と楽観的思考の5つである。つまり、この5つの行動をとることで、フォロワーにカリスマ型リーダーシップを発揮することができるというのである[10]（図表12-5）。

　しかし、実際には、自らのリーダーシップを必要に応じて変化させることは難しい。例えば、参加型リーダーシップをとってきた人が、状況が変わったからといって、急に指示型リーダーシップをとりなさい、といわれても、そう簡

図表12-5　カリスマ性の発揮によるリーダーシップ

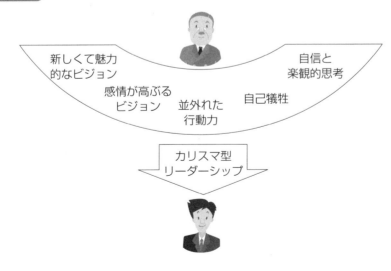

単にリーダーシップ・スタイルを変えることはできない。また，内気で人前で話すのが得意でない人が，カリスマ型リーダーシップが有効だからといって，カリスマ型リーダーと同じような行動をとることは容易ではない。

このように，自分が不得手なリーダーシップをとることは難しい。また，そのようなリーダーシップをとっても，期待された効果が得られない。"状況が適しているから"とか"そのほうが効果的であることが検証されているから"といった理由で内気な人がカリスマ型リーダーシップをとることを要請されたとしても，カリスマを演じることは難しい。仮に真似ごとはできたとしても，効果を発揮するほど完璧には演じられないだろう。

自分に向かないリーダーシップを無理して発揮しようとするよりも，自分に向いたリーダーシップを発揮するほうが効果が高い。**自分に向いたリーダーシップとは，自分の性格や能力上の強みを活かしたリーダーシップである**（図表12-6）。

多くの人間は，意識的もしくは無意識のうちに，自らの強みを仕事や人間関係に用いてきているので，自らの強みの活かし方がわかっている。例えば，派

図表12-6　自らの性格や能力上の強みを活かしたリーダーシップ

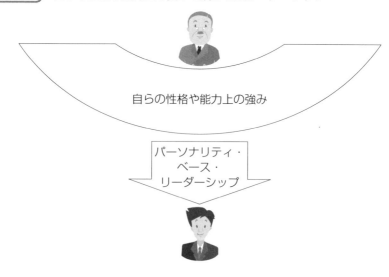

手なスピーチや強気の発言はできないが、必要なデータを集めて細かく分析することが得意な人は、仕事においても、そのような仕事の仕方をするだろう。また、同僚も、その人のデータに基づいた発言には一目置くであろう。そのような人が、無理をしてカリスマ的なスピーチを行うより、データ分析の結果に基づいた発言を行うほうが、効果的な影響力を発揮することができるのである。

強みと性格

　リーダーシップ発揮のベースとなる強みは、スキルや経験、性格に基づいたものである。しかし、このうち、性格には多くの誤解があるようである。
　「あの人は良い性格だ」とか「あの人は性格が悪い」という言い方がよくされる。例えば、仕事で成果を上げているのに人望がない人は、「あの人は、仕事はできるけれども性格が良くないからね」などといわれる。
　しかし、組織行動論の分野では、良い性格とか悪い性格という分類の仕方はない。さまざまな性格特性が研究対象ではあるが、それを客観的にとらえるだけで、良いとか悪いという判断はしない。なぜなら、良いとか悪いとかは、何を基準にするかによって異なってくるからである。
　例えば、自己監視性という性格特性がある。これは、自らの行動を客観的にみる傾向が強いかどうかに関わる性格特性である。自己監視性が強い人は、自らの行動を客観視する傾向が強い。このため、場の空気を読んで自分の行動を変えることができる。一方で、行動に一貫性がないと見られることもある。自己監視性が低い人は、状況によって行動を変化させないので、一貫性に対する信頼感を得られやすい。しかし、空気が読めないマイペースの人であると見られることもある（図表12-7）。
　困難な課題に直面しているプロジェクトを率いているリーダーで、プロジェクトの成否について周りから疑義の声が生じているようなとき、これらの声を振り払ってプロジェクトを推進していくためには、自己監視性はあまり高くないほうが良い。しかし、自分の行動がプロジェクトのメンバーにどのように映っているのかを考え、他のメンバーの気持ちに配慮しながらプロジェクトを

図表12-7 性格特性としての自己監視性

高い	自己監視性	低い
・場の空気を読んで自分の行動を変えられる ・行動に一貫性がない		・行動に一貫性がある ・空気を読めずマイペース

進めていくためには，自己監視性が高いほうが良いだろう。

　自己監視性に限らず，どの性格であっても，強みと弱みは表裏一体である。それをどのように使うのかによって，強みになったり弱みになったりするだけのことである。

　したがって，自らリーダーシップを発揮する際には，性格を強みとして発揮することが必要になる。そのためには，まず，自らの性格を知り，それがどのような強みと弱みを持っているのかを理解することが必要となる。そのうえで，強みをどのような場面でどのように使えば効果的なリーダーシップになるのかを考えることが求められる。

ビッグ5とリーダーシップ

　性格を活かしたリーダーシップを発揮するために，性格のビッグ5（Big Five）を例に考えてみよう[11]。性格のビッグ5とは，性格を5次元に分けてモデル化したものである。外向性，感情の安定性，協調性，慎重さ，経験への開放性の5次元である。性格については，さまざまな分類が研究されているが，ビッグ5は信頼性が高く，組織行動論の研究でよく用いられている概念の1つである。

　外向性：他人との関係を築くことについてポジティブに考える傾向の強さである。外向性が高い人は，社交性に富み，きちんと自分の意見や考えを述べることが多い。

感情の安定性：ストレスに耐え，自分の感情を一定に保つ傾向の強さである。感情の安定性が高い人は，冷静で落ち着いており，感情を高揚させることが少ない。

協調性：他人と協力したり，他人に合わせたりする傾向の強さである。協調性が高い人は，他人を気遣い，優しさを示し，強く自己主張しない傾向が強い。

慎重さ：注意深く，几帳面で我慢強さを示す傾向である。慎重さが高い人は，責任感が強く，頼りがいがあり，また，自分の信念を曲げない傾向が強い。

経験への開放性：さまざまな外部からの刺激に開放的で，幅広い関心を持つ傾向である。経験への開放性が高い人は，創造的な発想を好み，リスクをとることも厭わない傾向がある。

　これらの5次元は，"高い"と"低い"の2つのカテゴリーに分けるのではなく，レベルでとらえる。つまり，すべての人が"高い"と"低い"の間のどこかのレベルにプロットされることになる。例えば，ある人は，外向性が非常に高く，別の人は，外向性がやや低い，といった具合である。
　例えば，ビッグ5で**図表12-8a**のようにプロットされた人を考えてみよう。この人は，外向性と経験への開放性が高く，協調性が中程度で，慎重さと感情の安定性がやや低い。このような人は，自らが掲げるビジョンを明確に示し，これを他のメンバーに理解してもらうように語り，新しいアイデアを自ら出して，みんなを引っ張っていくようなリーダーシップが向いているだろう。
　別の例として，**図表12-8b**のようにプロットされた人を考えてみたい。この人は，外向性と経験への開放性が低く，協調性が中程度で，感情の安定性と慎重さが高い。このような人は，自らの考えを他人に伝えることがうまくない。しかし，自分なりの信念を持っており，信念の実現に向けて粘り強く努力することができる。そのような人は，率先垂範で他のメンバーに影響力を発揮するようなリーダーシップが向いている。誰もがあきらめてしまうような困難で

図表12-8a　ビッグ５を用いた性格分析の例１

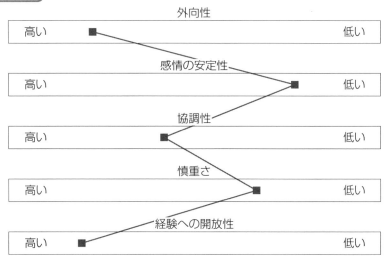

図表12-8b　ビッグ５を用いた性格分析の例２

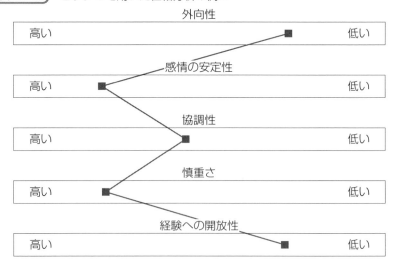

あっても，黙々と努力をする姿を見せることで，他のメンバーに影響力を発揮することができるだろう。

性格にはさまざまな分類方法があり，必ずしもビッグ5だけで考える必要はない。また，既存の型にはまらないような性格特性もあるだろう。重要なのは，さまざまな視点から自らの性格を分析し，その性格の強みを活かしたリーダーシップを発揮するよう心がけることである。

弱みの克服

それでは，自分の弱みについてはどうすれば良いのだろうか？　そのまま放っておいて良いのだろうか？　それとも，弱みは改善すべきなのだろうか？

自らに適したリーダーシップを発揮するためには，自らの強みと弱みを理解し，弱みをカバーし，強みを活かすリーダーシップを発揮することが求められる。そのためには，弱みについても理解を深め，時には，弱みを克服することも必要になる。

しかし，弱点の補強を考えすぎるのは良くない。日本人の場合，一般に，強みよりも弱みを気にする人のほうが多い。例えば，大学生に「自らの長所と短所をあげなさい」と問いかけると，短所はすぐにあがってくるが，なかなか長所があがってこない。また，学生時代の行動計画を作らせると，短所をいかに修正するかに重点を置く傾向が強い。

しかし，**弱点の克服を考えすぎると，強みも発揮できなくなってしまう**。例えばリスク志向性が高い人について考えてみよう。リスク志向性とは，リスクが伴う決断や行動をとることについて耐えることができる度合いである。リスク志向性が高い人は，情報が少ない中で決断する傾向があるため，失敗する確率も高い。このため，自らの弱みを克服するために慎重に決断するように行動を改めたとしよう。これによって，それまでよりは失敗する確率は減るかも知れない。しかし，それまで得意としてきた決断力が鈍るため，大きなチャンスを逃すかもしれないし，それまで決断力に頼りがいを感じていた他のメンバーは，違和感を覚えるようになるかもしれない。

図表12-9 さまざまなリーダーシップが職場目標の達成に貢献

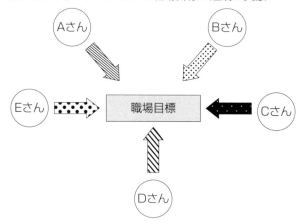

　また，シェアド・リーダーシップの考え方に立てば，自分1人がリーダーシップを発揮する必要はない。苦手な分野や自分の強みを活かせない事柄については，他のメンバーのリーダーシップに頼ることも必要になる。各メンバーが無理に弱点を克服することを考えるよりも，それぞれが自らの強みを活かしたリーダーシップを発揮したほうが，職場の目標達成のためには効果的である（図表12-9）。

　ただし，職位によっては，弱みを克服したり，その悪影響を防いだりすることも必要になる。例えばリーダーシップ開発の著名なコンサルタントであるジンガーらは，マネージャーとして成果を高めるためには，自らの強みを発揮するだけでなく，その強みを発揮するための補完的なスキルも身につける必要があることを指摘している[12]。強みだけでなく，その強みが弱みとして機能する場合，その悪影響を最小限に抑えるためのスキルも身につける必要がある，ということである。

　このように，マネジメントについては，強みを発揮するだけでなく，弱みを克服することも必要になる。しかし，リーダーシップに限って言えば，弱みを克服するよりも，強みをリーダーシップとして活かしたほうがずっと効果的なのである。

3 多様性を認める風土

　職場でシェアド・リーダーシップを発揮するためには，職場に多様性を認める風土がつくられていることが必要となる。多様性が認められない職場，つまり，異質性を拒むような職場では，各メンバーが，自分の専門性や強みに基づいたリーダーシップを発揮しようとしても，自分と異なるという理由で他のメンバーから拒否されてしまうからである。

　一方で，多様性が認められる風土は，放っておいて自然につくられるわけではない。今日，多くの日本企業において，多様性の重要性が認識されながらも，なかなか実現されない事実を見れば明らかである。多様性を認める風土をつくるためには，多様性を拒む原因は何であり，それを克服するために何が必要なのかを検討する必要がある。

多様性を認める組織風土とシェアド・リーダーシップ

　組織風土とは，組織において共有されている物事のありようについての知覚である[13]。つまり，組織のメンバー間で共有されている価値観，考え方，規範などである。

　多様性を認める組織風土がある職場とは，さまざまなメンバーを公平に扱うポリシーが存在し，かつ，さまざまなメンバーが職場において統合されているとメンバー自身が感じているような職場である[14]。要するに，職場のメンバーが，自分との違いを認め，相互に尊重し合う雰囲気ができあがっているような職場のことである。

　例えば，職場に人と違う意見をよく口にする人がいたとしよう。その人は口べたなので，自分の意見がどのように論理的に課題解決につながっているかうまく説明することができない。通常の場合，そのような人の意見に対して「また，彼／彼女が，変わった意見を言っている。いつものことなので，放っておこう」となる。しかし，多様性を認める風土がある場合，「彼／彼女の意見も，

きちんと聞いてみよう」というような雰囲気があるため、なぜ、その人がそのように主張するのか、その根拠について耳を傾けようとする。もちろん、その結果、その根拠が薄弱である場合は、意見が棄却される場合もある。しかし、"変わり者"というレッテルのもと、最初から意見を聞かないのと、きちんと意見を聞いたうえで棄却するのでは大きな違いがある。

　時として、そのような"変わり者"の意見や行動が、大きなイノベーションにつながる場合もある。例えば、3M社の代表的な商品の1つであるポストイットは、同社中央研究所の研究者であるスペンサー・シルバー氏によって開発された[15]。シルバー氏は、当時、強力な接着剤の開発を行っていたが、そのプロセスにおける失敗作としてできあがったのが、ポストイットに使われている接着剤の原型である。

　普通であれば、失敗作なので、そこであきらめるところであるが、シルバー氏は、失敗作の接着剤の製品化の模索を始めたのである。製造方法について検討した際には、ほとんどの同僚から、実際に製品化は難しいという指摘を受けた。しかし、シルバー氏は、そのような同僚からの批判的な意見にめげることなく、ひたすら努力を続けた。自宅の地下室を改良してまで製品化の方法を探り続け、最終的には、大ヒット商品の製品化に結びつけたのである。

　シルバー氏は、おそらく、まわりの同僚から見れば変わり者であったであろう。そのシルバー氏の情熱を支えたのが3Mの15%カルチャーの不文律[16]と、何よりも異質なものを排除しない、職場の風土であった。

多様性を認める風土がなければ、メンバーは安心してリーダーシップを発揮することができない。**人と違う意見を言うことで、他のメンバーから無視されたり拒絶されたりする可能性が高まると思えば、なるべくそのような発言は控えるようになる。**

　リーダーシップは、職場目標の達成に向けた影響力である。これまでの流れに反した発言であっても、最終的な目標達成のために必要であると考えれば、

図表12-10 異質性を排除する圧力と多様性を認める風土

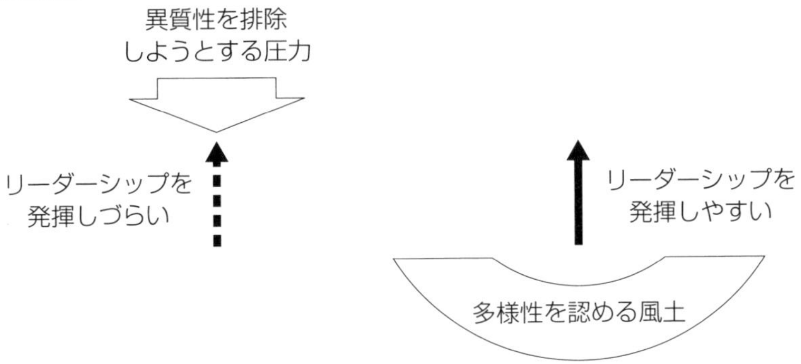

発言することがリーダーシップである。しかし，そのような発言が他のメンバーから白い目で見られるようであれば，安心してリーダーシップを発揮することができない。

　また，多様性を認める風土がなければ，たとえリーダーシップを発揮しようとしても，他のメンバーから受け入れられない可能性が高まる。リーダーシップは，フォロワーに受け入れられて初めて効果を生む。しかし，自分と違う主張や価値観を受け入れられなかったり，主流の考え方と違う意見に耳を傾けなかったりする職場であれば，職場の目標達成に向けて適切なアイデアを発信しても，他のメンバーは受け入れない。

　このように，シェアド・リーダーシップの状態を職場に作るためには，多様性を認める風土が必要となる。そのような風土があれば，メンバーは，安心して自らの意見を主張し，なおかつ，他のメンバーの意見にも耳を傾けようとするからである（図表12-10）。

多様性を認める風土の形成を阻害する要因

　それでは，そのような風土はどのように生み出すことができるのであろうか？　これを考えるためには，逆に，なぜ人は多様性を認めようとしないのか，

図表12-11 異質性を排除する要因

ハロー効果	偏った印象だけで判断し排除してしまう
情報不足	情報不足によって不安が生じ排除してしまう
自己利益の喪失	自己利益を守るために排除してしまう

という点から考えてみるとわかりやすい。多様性を認めるのが難しい最大の理由は，人には潜在的もしくは顕在的に，"異質性を忌避・排除したい"という気持ちがあるからだろう。"自分と異なる価値観や考え方を認めたくない"という心理である。この心理が働くから多様性が認められないのであり，逆に，この心理が働かないようにすることができれば，多様性を認める風土を形成することが可能となる。

自分と異なるものを忌避したり排除したりする理由は何であろうか？ さまざまな要因があり得るが，主として3つの要因をあげることができる。ハロー効果，情報不足，そして自己利益の喪失である（図表12-11）。

ハロー効果

ハロー効果とは，他者の1つの次元，もしくは全体的な印象についての知覚が他の次元についての知覚に影響することである[17]。以下の例では，1つの特徴に別の評価が引きずられてしまっており，典型的なハロー効果といえる。

- みすぼらしい格好の人の仕事能力を低く見る
- ハンサムな人の知性が高く見える
- ある人が親切な行為をするのを見て，その人が優しい人だと思う
- 1つの嫌な側面を見て嫌いになる

上記はいずれも，よく考えてみれば，根拠が薄い思い込みであることがわかる。人の身なりと仕事能力は，直接は関係がない。確かに，仕事能力が低ければ，高給の仕事に就く可能性が低くなる。高給の仕事に就いていなければ，みすぼらしい身なりをする可能性が高くなる。したがって，因果関係がないとは

言えない。しかし、仕事能力が高くなくても高給の仕事に就いている人はいるし、高給の仕事に就いていても、みすぼらしい身なりをしている人もいる。みすぼらしい身なりをしているという事実だけで、その人の仕事能力が低いと判断してしまうのは、思い込みである。同様に、他の例も、遠い因果関係があり得るものもあるが、基本的には思い込みである。

　このようなハロー効果が、異質性に対しても働くことが多い。自分と異なる外見や、異なる価値観、考え方を持つ人に対して、違うという理由だけで「この人と協力するのは難しい」とか「この人が言っていることが正しいとは思えない」と感じてしまうのである。

　確かに、価値観や考え方が異なる人と協力関係を構築することには難しい面もある。しかし、価観が違うからこそうまくいく、ということだってありうる。まして、外見が異なるかどうかは、協力関係とは無関係である。それにもかかわらず、"異なる"という理由だけで忌避・排除してしまうのは早計である。

　一方で、「"異なる"という理由だけで判断しているわけではない。多くの理由を考慮して判断している」と言う人もいるだろう。確かに、意識的に"異なる"という理由だけで忌避・排除する人は、そんなに多くはないだろう。しかし、ハロー効果のような認知のバイアスは、無意識のうちに機能する面がある。

　例えば、大学の授業を用いた実験でも、ハロー効果が大きな影響を及ぼすことが明らかにされている[18]。この実験では、大学の13の授業を取り上げ、これらの授業を受けていない学生に対して、授業の様子が30秒に編集されている無音のビデオを見せ、授業に対する評価を行ってもらった。その後、その結果を、これらの授業を1学期間受けてきた学生による授業評価結果と比較した。すると、両者の間に高い相関が見られたのである。

　つまり、授業をフルで受けた学生の授業評価と、授業のうちの30秒だけの無音ビデオで見た学生による授業評価がほとんど同じだったのである。このことは、授業をフルで受けてきた学生の授業に対する評価が、教員のアクションや仕草など、言語以外のコミュニケーションの影響を受けていること

を示している。授業の中身とか教員が話す内容ではなく，言語以外のコミュニケーションという一部の評価に，授業評価全体が引きずられたのである。

このように，人間には，無意識のうちにバイアスがかかった判断をしてしまう傾向がある。したがって，**大事なことは，人間は，ハロー効果に支配されているのだ，ということを理解すること**である。自分もハロー効果の影響を受ける可能がある，ということを意識するだけで，自らの判断や評価を再確認するようになるのである。

情報不足
　情報不足も異質性の排除につながることがある。一般に，情報が不足していると，物事を正しく判断することができない。新技術を駆使した新製品が発売されたとしても，その技術や製品についての情報を得ることができなければ，一般の消費者は，その技術がどれほど優れているのか，とか，その製品が自分にとってどれほど役立つものか，といった判断をすることができない。

　それは人間に対する判断も同じである。正しい情報がなければ，ある人について正しく判断したり，評価したりすることはできない。それにもかかわらず，人間は，たとえ情報が不足していても，人に対して何らかの判断・評価をしてしまう傾向を持つ。初めて会った人に対しても，「良さそうな人だ」とか「暗い感じの人だ」などといった評価をしてしまう。それを声に出すかどうかは別にしても，心の中で自然にそのような評価・判断を下す傾向があるのである。

　さらに悪いことに，人間の知覚には，"選択的知覚"というバイアスがかかる傾向がある。当たり前の話だが，人間は，自分が受けたすべての刺激を知覚しているわけではない。街を歩いていれば，いろいろな物を見たり，音を聴いたり，においを嗅いだりする。それらの刺激をすべて知覚しているわけではなく，自分にとって気になった知覚だけを選択的に知覚している。例えば，クルマ好きの人であれば，車道を走っている車は視覚に入ってくるかも知れないが，街中にどのような建物があったのかはよく覚えていないだろう。目には入っているかもしれないが，建物としては知覚されていないのである（図表12-12）。

図表12-12 視界に入っているすべての事象を認識しているわけではない

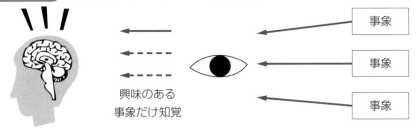

つまり，人間には，目立ったり自分に興味があったりする刺激だけを選択して知覚する傾向があるのである。人間に対する知覚も同じである。ボランティア活動に関心が高い人が，プライベートでボランティア活動を行っている人に出会えば，その人の他の面よりもボランティア活動に関する情報がより多く知覚されるだろう。

このようなバイアスが，さらに異質な人に対する判断・評価をゆがめる。自分が大切にしている価値観と異なる価値観を持つ人と出会うと，その点ばかりが気になってしまい，その人に関わるその他の情報を知覚しなくなってしまう。例えば，時間厳守を重視している人が，時間にルーズな人に出会うと，それだけで，仕事ができない人だと思い込んでしまう。たとえ，別の仕事能力がいかに優れていても，その他の能力に関する情報を遮断してしまうことになる。

IS（イスラム国）によってアメリカ人の人質が殺された後，アメリカにおいて，ターバンを巻いた男性が暴行される，という事件が起きた。事件を起こした犯人の言い分は，「イスラム教は暴力的な宗教で，そのような宗教を信じている人は暴力的な人間に違いない」というものだろう。しかし，世界のイスラム教徒の大半の人は穏健であり暴力を否定している。イスラム教やイスラム教徒についての正しい情報があれば，そのような考え方には至らないはずである。しかも，その襲われた人は，シク教徒であった。シク教徒もターバンを巻くからである。そもそも，イスラム教徒だから暴力的，という

のも間違いだし，ターバンを巻いている人がすべてイスラム教徒，というのも間違いである。このような間違いも，情報不足が重要な原因の1つである。

　異質な人については，情報が少ないことが多い。また，情報を得ようとしても，選択的知覚によって，得る情報を自ら制限してしまう可能性がある。このため，異質な人を忌避したり排除したりする傾向が強くなってしまうのである。
　逆に，そのような短絡的な判断をなくすためには，相互に情報を開示し，理解し合うことが必要となる。「第一印象はあまり良くなかったが，親しくなってみると，とても良い人だった」などというのは，よくある話である。まず，忌避したり排除したりするのではなく，胸襟を開いて話し合うことが必要となる。

自己利益の喪失
　自己利益の喪失も異質性の排除につながる。異質な考え方や価値観を認める，ということは，自らが大事にしていた考え方や価値観が否定される可能性をもたらすからである。

　　明るい性格が自分の強みであると考え，人当たりの良さで営業成績を上げている人がいたとしよう。その人は，同じ部署の後輩にも，明るく振る舞うことの重要性をいつも説いている。ところが，ある日，同じ部署に，人当たりは良くないが誠実に営業活動を行う人が転勤してくる。新しく来た人は，誠実さを武器に，転勤早々，自分と同じくらい高い営業成績を上げた。これを見て，どのように感じるだろう？
　　新しく来た人が営業成績を上げたところで，自分の営業成績が落ちるわけではないので，実質的な被害はない。むしろ，部署全体の成績が上がるのだから，好ましいくらいである。しかし，もとからいた人は，自分のやり方を否定されたような気になるのではないだろうか？　今まで後輩に，「営業担当者は明るさが大事なのだ」と説いてきたことが，嘘になってしまうような気がするだろう。このため，新しく来た人を，心理的に受け入れることに抵

抗を感じるかもしれない。

この例は，実際に自己利益は損なわれていないが，心理的な損失を感じた場合である。しかし，実際に，自己利益が損なわれるような場合もある。

中国企業から原材料を購入している購入担当者の例を考えてみよう。この購入担当者は英語が堪能で，これまで，英語で先方企業の営業担当者とやりとりをしていた。ところが，新たに日本語が堪能な中国人の新入社員が当該部署に配属されることとなった。新入社員は，母語である中国語を駆使して，先方の企業とやりとりをすることができる。このため，これまで英語で活躍していた購入担当者は，これまでどおりの活躍をしづらくなる。

このような自己利益の喪失による異質性の忌避・排除を避けるためには，心理的喪失感の回避，役割の再配分，そして目標の共有化が必要となる（図表12-13）。

第1に必要なのは心理的な喪失感の回避である。異質性を受け入れたとしても，実際に自己利益が損なわれることがないことを理解してもらうのである。

先の営業担当者の例で言えば，営業スタイルが違うだけで，当の営業担当者に実質的なデメリットが生じるわけではない。むしろ，自分と違ったスタイルを間近で見ることで，自分の営業スタイルをさらに洗練させることができるようになるかもしれない。異質なスタイルの人が配属されても，考え方によっては，本人にもメリットがあることを理解してもらう必要がある。

第2に，役割の再配分が必要となる。なぜなら，購入担当者の例のように，

図表12-13　自己利益による異質性の排除を避けるために

心理的喪失感の回避	自己利益が喪失していないことを理解する
役割の再配分	役割分担を変えることで，全員の利益を守るようにする
目標の共有化	自己利益よりも職場全体の目標に価値を置くようにする

実質的なデメリットが生じる場合もあるからである。

　例えば，新しく配属された従業員は，中国語は堪能であるが，購入担当者としてのスキルは，まだ備わっていない。したがって，英語が堪能な購入担当者には，新しい購入担当者の教育という役割を担ってもらうことができる。また，中国企業相手であっても，時には，英語でコミュニケーションをとったほうがうまくいく場合がある。英語は，双方にとって外国語になるのでフェアな議論ができる。そのような場合は，英語が堪能なこれまでの担当者が仕事を担えば良いのである。このように，これまでの購入担当者を排除するのではなく，その購入担当者ならではの仕事を担当してもらうことが必要になる。

　第3に，目標の共有化が必要となる。自己利益よりも職場全体の目標に価値を置くようにするのである。

　営業担当者の例も購入担当者の例も，いずれも，新しい担当者が配属されたことは，職場全体の成果の向上という意味ではプラスに作用するはずである。それにもかかわらず，従来の担当者が新参者を忌避・排除したいと感じるのは，自己の目標が職場全体の目標と一致していないからである。このため，職場利益よりも自己利益を優先して，新参者を忌避・排除しようとするのである。逆に，職場の目標と自己の目標が一致していれば，たとえ新参者が異質であっても，喜んで受け入れるはずである。例えば，営業担当者の場合，職場全体の売上が，職場メンバー全体の評価に影響を及ぼすような評価システムであれば，個人売上だけで評価される職場よりは，新しい営業担当者に対する受け入れ度合いは高まるだろう。

多様性を認める風土の形成を促進する要因

　多様性を認める風土をつくり上げるために何が必要になるのであろうか？一般に，風土の形成に影響を及ぼすのは以下の5つであると言われている[19]。

　　　（制度）（儀式）（シンボル）（言語）（公式リーダー）

だとすれば，これらの要因に働きかければ，多様性を認める風土をつくり上げ

ることができるということである。

制　度

　会社や職場の制度は，風土形成に重要な影響を及ぼす。

　アメリカン・エキスプレスでは，勤務時間内にボランティア活動を行うことが認められている。また，人事評価では，目標達成度とリーダーシップの2つに基軸が置かれ，両者は同じ比重で評価される[20]。これらの制度は，アメリカン・エキスプレスが，社員の自主的な行動やリーダーシップを重視していることのあらわれである。また，海外プラントを手がける日揮では，採用職種を問わず，入社4年以内の社員全員を，一度は海外のプラント建設現場に派遣している[21]。これは，同社が，海外の現場を重視していることのあらわれであろう。これらの制度は，それぞれの会社の風土形成にも重要な影響を及ぼしている。

　したがって，多様性を認める風土を形成するためには，その形成を促進する制度を設けることが必要になる。例えば，新しい事業のアイデアを社内で募集してコンペを行う制度などは，従業員の自由な発想を促進すると同時に，多様性を重視する風土の形成に貢献するだろう。また，ボランティア休暇制度や長期リフレッシュ休暇制度は，本人の価値観の多様性を促進するだけでなく，組織として多様性を重視していることのメッセージにもなる。

　なお，風土形成に最も重要な影響を及ぼす制度の1つが，人事評価制度である。人事評価が減点法でつけられるようであれば，職場のメンバーは保守的になり，新しい考え方や価値観を拒否するようになるだろうし，異質なものを排除するように振る舞うであろう。逆に，新しいことへのチャレンジが奨励され，評価される制度であれば，メンバーは新しいアイデアや考え方に寛容になり，相互に異質であることを認める風土ができあがる。

儀式・慣習

　職場に特有の儀式や慣習も，職場の風土形成に影響を及ぼす。朝礼や親睦会など，メンバーが参加するイベントや慣習は，メンバーに風土を認識させるために重要な役割を果たしているからである。

　工場用部品や住宅用部材を製造する太陽パーツ株式会社では，"大失敗賞"を表彰している[22]。この賞は，失敗をして落ち込んでいる社員を励ますために，社長である城岡陽志氏が，1998年に創設した制度である。どのような失敗にでも賞が出されるわけではない。前向きに大きなチャレンジをした結果，次の経営に生かせる教訓やノウハウが残った失敗であることが条件となっている。

　しかし，失敗を表彰する，というのは変わっている。これは，同社の"失敗を恐れずチャレンジする"という風土づくりに大きな貢献をしている。ちなみに，この賞は，城岡氏自身も一度受賞している。社長が，この賞を本気で重視している証拠である。お題目に終わらず，トップがコミットしている儀式であれば，職場の風土づくりに大きな影響を及ぼすのである。

　いわゆる儀式として認識されていなくても，風土に影響を及ぼす慣習はいろいろある。例えば，会議の最も重要な課題については，実質的な議論に入る前に，必ず10分間程度のブレーンストーミングを実施するような慣習があるとしよう。そのような慣習があれば，職位に関係なく，さまざまな意見が言いやすい風土が職場にできるだろう。一方で，職場の飲み会でも，毎回同じような店で，なおかつ，職場での上下関係がそのまま持ち込まれたような飲み会を行っている職場では，異質性を許容する風土はできづらい。それに比べて，毎回行く店の種類も違い，若手が自由に発言できるような雰囲気の飲み会を行っている職場では，多様な価値観や考え方を重視する風土が強くなるだろう。

シンボル

　職場にあるシンボルや物理的環境も，風土の認識に重要な役割を果たしている。

例えば，机が伝統的な島形に並べられ，上司は，全員を見渡せるような位置に配置されている職場を考えてみよう。上司の椅子には，ステータス・シンボルの証である肘掛けが付いており，一般社員の椅子には付いていない。また，一般社員の机の位置も，職位や勤続年数順に上司から近いところに配置されている。そのような職場では，職場での議論の流れに反した意見を若手社員が述べるのは難しいであろう。

逆に，机や椅子が個人に固定されておらず，毎日，座る位置が異なるような職場を想像してもらいたい。職場のすぐ脇には，自由に議論できるフリースペースがあり，無料の飲み物を片手に自由に議論ができる。そのような職場と前出の職場を比べてみれば，後者のほうが，さまざまな価値観や考え方を尊重する風土がつくられやすくなることは言うまでもない。

家電やLED電球から家具・インテリア，収納用品，ペット用品まで幅広く扱うアイリスオーヤマの職場には，円形の立ち机が配置されている[23]。これは，立ったまま打ち合わせをするための机である。アイリスオーヤマは，非常に多くの新商品を効率よく市場に提供していくことを強みとしており，そのために自由闊達に議論をすることと仕事の効率化を図ることの両方が必要となる。会議室の机に年功順に座り，時間をかけて自由に発言ができない会議を進めていたのでは，このような経営はできない。

アイリスオーヤマの職場にある円形の立ち机は，アイリスオーヤマの職場風土を形成するシンボルとも言えるのである。

言　語

職場で用いる言語も，風土の形成に重要な影響を及ぼす。職場特有の言語や，職場で大切にされていたり頻繁に用いられたりする言葉は，風土の醸成に重要な影響を及ぼすのである。

上司が，二言目には「指示通り仕事をしなさい」と言っている職場では，部下は，上司に対する異論や新しい意見を言いづらくなる。そのような職場では，価値観や考え方の多様性は尊重されないだろう。逆に，会社全体のポリシーの

1つに多様性の重視があり，上司が，何かあるごとに，「少数派の意見も聞いてみよう」と発言する職場では，部下同士で議論する際にも，異論や少数派の意見に耳を傾けるようになるだろう。

　例えば，堀場製作所の社員は，自分たちのことを"ホリバリアン"と呼ぶ[24]。この言葉には単に"堀場製作所の社員"という意味以上の意味が込められている。社是である"おもしろおかしく"を理解し実践している堀場製作所の社員という意味である。
　堀場製作所は独特の組織風土を持った会社として有名である。ニッチな分野を切り開いたり，新しいことにチャレンジしたりすることを奨励する風土である。堀場製作所は，人生の中で最も活動的な時期を過ごす会社生活において，受け身な姿勢では仕事はつらいだけだし，そのような姿勢では，新しい発想が生まれてこないと考える。楽しさとやりがいをもって仕事に取り組めば，新しいアイデアや考えが生まれ，それが創造性や生産性につながると考える。この考え方が，社是"おもしろおかしく"に表れている。
　この社是は，単なるお題目ではなく，社員に広く浸透している。本社に行けば，社是がエレベーターに大きく金文字で書かれているし，社員が使う紙コップにまで書かれている。

堀場製作所の社員が，自分たちのことを"ホリバリアン"と呼ぶのは，このような風土が浸透していることについての誇りでもあるのだろう。また，それと同時に，"ホリバリアン"という呼び方が，堀場製作所の風土を先輩から後輩に受け継ぐ役割も担っているのである。

公式リーダー
　多様性を認める風土をつくるのに大きな責任を負っているのは，公式のリーダーである。公式のリーダーの重要な役割の1つが，職場の成果を高めるために必要な組織風土を創り上げることである。職場の成果を上げるためにシェアド・リーダーシップが必要であれば，シェアド・リーダーシップが発揮されや

すいように，多様性を認める風土を創り上げることが求められる。

　また，多くの先行研究が，公式のリーダーが職場やチームの風土形成に重要な役割を果たしていることを指摘している[25]。公式のリーダーの行動が，多様性を認める風土づくりにも重要な影響を及ぼすのである。

　20世紀の最も偉大な経営者の1人にあげられるジャック・ウェルチ氏は，典型的な大企業病に陥っていたGEの組織変革を行ったことで有名である[26]。吸収・合併を繰り返してコングロマリット的な事業展開をしており，スピードが遅く，柔軟性に欠け，効率が悪く，おまけに危機感も希薄だったGEを，その後20年以上も世界のトップの地位を維持し続けることができる企業に再生したのである。

　そのプロセスでウェルチ氏は，事業についても組織についても，大規模なリストラを行った。事業については，世界でNo.1もしくはNo.2でない事業は，5年以内に立て直すか，さもなくば売却もしくは閉鎖するという方針を立てた。また，組織については，それまで9あった組織の階層を5にし，7万人以上の従業員のレイ・オフを行った。

　一方でウェルチ氏は，ただリストラを行うだけでなく，ビジョンを定め，GEが進むべき明るい未来を示すと同時に，GEの価値観を定め，これを全社員と共有しようとした。その価値観の1つが，以下の多様性の重視である。

世界中の知的資本とそれを生み出す人材を尊重する。その資産を最大限活用する多様性のある人材のチームを構築する

　実際にウェルチ氏は，それまでアメリカ人を中心にアメリカで行っていた幹部候補生の研修を，世界中から優秀な人材をヨーロッパに集めて実施するようになった。ウェルチ氏は，ただ多様性重視を言葉に出すだけでなく，その実現に深くコミットし，実際の行動にも移したのである。このため，これ以降，GEには多様性重視の風土が根付くことになった。

職場の風土には，会社全体の制度や風土が影響を及ぼす。しかし，職場の公式のリーダーがその形成に果たす役割は大きい。同じ会社であっても，公式のリーダーの違いによって，職場の風土は大きく異なる。上司が代わると，職場の雰囲気が大きく変わる，などというのはよくある話である。日常の業務では，各メンバーが必要に応じてリーダーシップを発揮することが，職場の成果を高める。しかし，そのようなシェアド・リーダーシップの状態にするために，職場に多様性を認める風土をつくり出すのは，公式のリーダーの重要な役割なのである。

注■
1　これ以降のスカイマークに関する記述は，「東洋経済オンライン」2015年1月29日付の記事と『日経ビジネス』2015年10月5日号の記事をもとにしている。
2　これ以降の本田宗一郎に関する記述は，伊丹敬之（2012）『人間の達人　本田宗一郎』PHP研究所と梶原一明（2006）『本田宗一郎「世界のホンダ」の仕事術』PHP文庫をもとにしている。
3　自己効力感は，さまざまな事象を対象に研究が行われている。第1部第3章で示したとおり，自らのリーダーシップの効果に対する自己効力感は，リーダーシップ自己効力感と呼ばれる。これ以外にも，役割幅自己効力感やキャリア自己効力感，創造性自己効力感などがある。それぞれ，幅広く役割をこなすことができること，キャリアを自ら切り開いていくこと，創造性を発揮することに対する自己効力感である。
4　例えばLocke, E. A., Frederick, E., Lee, C. and Bobko, P. (1984) "Effect of Self-Efficacy, Goals, and Task Strategies on Task Performance," *Journal of Applied Psychology*, 69, 2 241-251.など。
5　例えばNease, A. A., Mudgett, B. O. and Quiñones, M. A. (1999) "Relationships Among Feedback Sign, Self-Efficacy, and Acceptance of Performance Feedback," *ibid.*, 84, 5 806-814.など。
6　心理的資本とは，個人のポジティブな心理的状態のことで，自己効力感，楽観，希望，精神的回復力の4つから構成されており，職務満足や組織コミットメント，仕事の成果にプラスの影響を及ぼすといわれている（Luthans, F., Youssef, C. M. and Avolio, B. J. (2007) *Psychological Capital: Developing the Human Competitive Edge*, New York: NY: Oxford University Press.による）。
7　Stajkovic, A. D. and Luthans, F. (1998) "Self-efficacy and work-related performance: A meta-analysis," *Psychological Bulletin*, 124, 2 240.

8 Bandura, A. (1997) *Self-efficacy: The exercise of control*, New York, NY: Freeman.
9 詳細は，Rosenthal, R. and Jacobson, L. (1968) "Pygmalion in the classroom," *The Urban Review*, 3, 1 16-20.を参照のこと。
10 コンガーとカヌンゴのカリスマ型リーダーシップ理論については，Conger, J. A. and Kanungo, R. N. (1988) *Charismatic Leadership: The Elusive Factor in Organization Effectiveness*, San Francisco, CA: Jossey-Bass.やConger, J. A. and Kanungo, R. N. (1994) "Charismatic leadership in organizations: perceived behavioral attributes and their measurement," *Journal of Organizational Behavior*, 15, 5 439-452.に詳しい。
11 Barrick, M. R. and Mount, M. K. (2005) "Yes, Personality Matters: Moving on to More Important Matters," *Human Performance*, 18, 4 359-372.やOh, I.-S., Wang, G. and Mount, M. K. (2011) "Validity of Observer Ratings of the Five Factor Model of Personality Traits: A Meta-Analysis," *Journal of Applied Psychology*, 96, 4 762-773.を参照のこと。
12 Zenger, J. H., Folkman, J. R. and Edinger, S. K. (2011) "Making Yourself Indispensable," *Harvard Business Review*, 89, 10 84-92.
13 Reichers, A. and Schneider, B. (1990) "Climate and culture: An evolution of constructs". in B. Schneider (ed.), *Organizational Climate and Culture*, San Francisco, CA: Jossey-Bass, pp. 5-39.より。
14 Mor Barak, M. E., Cherin, D. A. and Berkman, S. (1998) "Organizational and Personal Dimensions in Diversity Climate Ethnic and Gender Differences in Employee Perceptions," *The Journal of Applied Behavioral Science*, 34, 1 82-104.
15 スリーエム ジャパン ホールディングス株式会社HP (http://www.mmm.co.jp/wakuwaku/story/story2-1.html) より。
16 ３Ｍには，勤務時間の15％を自分の好きな研究に使ってもよい，とする15％カルチャーという不文律がある。
17 Rosenzweig, P. (2014) *The Halo Effect:... and the Eight Other Business Delusions That Deceive Managers*, London: Simon and Schuster.（桃井緑美子訳『なぜビジネス書は間違うのか』日経BP社）
18 Ambady, N. and Rosenthal, R. (1993) "Half a minute: Predicting teacher evaluations from thin slices of nonverbal behavior and physical attractiveness," *Journal of Personality and Social Psychology*, 64, 3 431.
19 Robbins, S. P. and Judge, T. A. (2013) *Organizational Behavior* (15 ed.) Upper Saddle River, NJ: Prentice Hall.
20 『日経ビジネス』2013年１月28日号より。
21 『日経ビジネス』2011年10月17日号より。

22 太陽パーツに関する記述は，『日経トップリーダー』2015年6月号と『日経ビジネスアソシエ』2012年11月号の記事をもとにしている。
23 『日経ビジネスアソシエ』2015年12月号より。
24 これ以降の堀場製作所に関する記述は，『日経ビジネス』2007年1月1日号の記事と『日経ビジネス』2013年4月1日号の記事，および堀場製作所のHP（http://www.horiba.com/jp/about-horiba/corporate-culture/）をもとにしている。
25 例えば，Demirtas, O. and Akdogan, A.（2015）"The Effect of Ethical Leadership Behavior on Ethical Climate, Turnover Intention, and Affective Commitment," *Journal of Business Ethics*, 130, 1 59-67. は，リーダーの倫理的行動が，職場の倫理的風土形成に重要な影響を及ぼすことを明らかにしている。
26 これ以降のジャック・ウェルチ氏に関する記述は，Welch, J. and Byrne, J. A.（2003）*Jack: Straight from the gut*: Business Plus.（宮本喜一訳（2001）『ジャック・ウェルチ　わが経営　上・下巻』日本経済新聞社）による。

第13章
職場の統合促進

　シェアド・リーダーシップは，単に，職場のメンバーがリーダーシップを発揮している状態ではない。各メンバーが，職場目標の達成に向けて，必要に応じて必要なリーダーシップを発揮している状態である。メンバーが，好き勝手にリーダーシップを発揮している状態とは異なるのである。メンバーに，職場目標に向けたリーダーシップの発揮を促進し，なおかつ，相互に連携・協力を促すためには，職場を統合する必要がある。

　京セラと第二電電（現・KDDI）の創業者でJALの再建に貢献したことでも知られている稲盛和夫氏は，アメーバ経営を提唱している。アメーバ経営とは，全従業員を6～7人の小集団（＝アメーバ）に振り分け，アメーバごとに時間当たりの採算を算出することで，各アメーバに独立採算制度を敷くマネジメント手法である[1]。
　稲盛氏は，アメーバ経営には3つの目的があると主張している。市場に直結した部門別採算制度の確立と経営者意識を持つ人材の育成，そして全員参加経営の実現である。つまり，全従業員を小集団に分け，当該小集団に対する権限と責任を付与することで，全従業員に経営者と同じ感覚でリーダーシップを発揮してもらうことがその目的となる。
　確かに，十分な権限が与えられず，大きな組織の一部という意識が強ければ，強い責任感も感じないだろうし，自ら積極的に動かなければならないという当事者意識も生まれない。逆に，権限と責任が付与されれば，当事者意識が生まれ，目標を達成するために，必要なリーダーシップを発揮し始めるだろう。したがって，アメーバ経営は，従業員のリーダーシップ，特に前章で記した分化を促進するために重要な役割を果たすと考えられる。

しかし，それぞれのアメーバが勝手に動き出し，相互の連携がおろそかになったり，全体の方向性と無関係な行動を始めたりすることになれば，組織全体としての利益はかえって損なわれてしまう。各アメーバが部分最適にばかり注力すると，全体最適が損なわれてしまうのである。

　この点について，稲盛氏は，アメーバ経営を達成するために以下が重要であると指摘している。第1に，フィロソフィ（哲学）や経営理念，価値観の共有である。京セラの場合，"敬天愛人"という社是や"全従業員の物心両面の幸福を追求すると同時に，人類，社会の進歩発展に貢献すること"という経営理念，そして大家族主義という風土が，各アメーバを統合する力になるというのである。第2は，各アメーバを支えるインフラである。会社として基本的な考え方や価値観と合致するルールを制定し，経営に関連する情報を現場に正確かつタイムリーに伝えるシステムの構築である。稲盛氏は，この2点がしっかりしていれば，各アメーバに権限と責任を与えても，それぞれが勝手に動き出すのではなく，相互に連携・協力しながら，会社全体の目標達成に貢献するように動くと主張している。

　アメーバ経営は，アメーバと呼ばれる小集団を単位とし，小集団のリーダーがいかにリーダーシップを発揮し，また，小集団同士がいかに連携・協力を行うかに焦点を当てている。この小集団を職場のメンバーに置き換えれば，同じことが言える。職場のメンバーのそれぞれが，相互に連携・協力しながらリーダーシップを発揮することが理想的な職場の状態，すなわちシェアド・リーダーシップの状態である。

　個々のメンバーがリーダーシップを発揮することは非常に重要である。しかし，それと同じくらい重要なのは，個々のメンバーが，組織やチームとしての一体感を持ち，相互に連携・協力しながら目標を達成することである。

　職場をシェアド・リーダーシップの状態にするためには，個々のメンバーに，独り善がりのリーダーシップを発揮してもらうのではなく，職場や組織全体からの視点を持ち，全体最適を考慮しながらリーダーシップを発揮してもらうことが必要となる。つまり，統合が必要となるのである。そして，そのためには，

メンバー間で目標を共有化することと，すべてのメンバーが，客席とフィールドの両方の視点を持つことが必要となる。

1　目標の共有化

　職場がチームとして一体感を持ち，相互に連携・協力しながら仕事をするためには，職場のメンバー全員の間で，職場の目標が何であるのかを共有する必要がある。目標の共有化，というと，目標が何かを全員知っている状態にすること，と勘違いする人がいる。しかし，目標の共有化とは，ただ単に，目標が何であるかを知っている，ということではない。

　　真の目標の共有化とは，職場のメンバーの全員が，目標を達成することが重要だと考え，そのために貢献したい，と思うようになることである。

　メンバーが目標を共有化することで次のことが達成できる。第1に，必要な行動について自分で判断することができる。目標を共有していれば，その目標を達成するために，どのような行動が具体的に必要となるのかについて，自ら判断することができる。

　第2に，必要な情報を自分で取捨選択できる。現代社会は，情報過多社会である。目標を共有していれば，多様で膨大な量の情報の中から，目標達成に必要な情報を選択することができる。

　第3に，目標達成に向けて，相互に協力し合うことができる。みんなが職場の目標が大事だと思っていれば，自己利益を超えて，職場の目標達成のために相互に協力し合うことができるようになる。

　第4に，目標達成に向けて高いモチベーションを維持できる。目標が重要で，なおかつ，その達成に向けて貢献したいと考えれば，目標に向けた努力をし続けようと考える。

　　ロケットおよび宇宙船の開発・打ち上げによる宇宙輸送を業務とするス

ペースX社では、"火星に人類を送り込む"という目標が全社員に浸透している[2]。

スペースX社は、イーロン・マスク氏が2002年に設立した企業である。現在では、すでに、国際宇宙ステーションに物資補給用の宇宙船を打ち上げており、航空宇宙業界において、ローコスト・サプライヤーとして名をあげている。ちなみに、イーロン・マスク氏は、電気自動車メーカーであるテスラ・モーターズのCEOとしても有名である。

しかし、それにしても、"火星に人類を送り込む"というのは、1民間企業の目標としては常軌を逸している。NASAなどの国家機関でさえ成し遂げていないことを、ほとんどマスク氏の個人所有に近い民間企業が目標としているのである。

一方で、この目標には夢がある。また、この目標は、マスク氏の個人的な利益のためでもなければ、個人的な興味関心のためでもない。人類のためである。夢を失いつつある人類に夢を見てもらうため、そして、地球以外にも人類が住める場所をつくるための目標である。

スペースX社の壮大な目標は、全社員が知っているだけではない。全社員が、その目標が大事であり、その目標のために貢献したいと考えている。つまり、全社員が目標を共有化しているのである。

このため、社員は、行動するときも判断するときも、この目標に従っている。宇宙産業に関わる企業であるから、社員のほとんどは技術系のプロフェッショナルである。このため、彼ら／彼女らの行動を、ルールや命令によって縛ることはできない。プロフェッショナルがその成果を発揮するためには、自律的に判断・行動し、必要に応じて、それぞれがリーダーシップを発揮することが求められるからである。

一方で、彼ら／彼女らの自由にさせておくだけでは、個々がバラバラに仕事をしたり、勝手にリーダーシップを発揮したりする。それでは、職場としての一体感はなくなり、相互に連携や協力することもできなくなる。そこで重要になるのが"火星に人類を送り込む"という目標である。彼ら／彼女らは、この

目標のために仕事をしている。この目標を達成するためにどのような判断・行動が必要になるのかを自分で考える。相互に連携・協力が有効であると考えれば，わざわざ指示・命令をされなくても，自律的に連携・協力をするようになる。

　このように，目標を共有することは，個々のメンバーの自律的な行動やリーダーシップの発揮を損なわず，職場としての協力・連携を促進し，職場としての一体感を保つために重要な働きをする。この目標の共有化のためには，次の3つが必要となる。

　目標の重要性
　目標の明確さ
　目標の受け入れ

目標の重要性

　目標を共有化するためには，メンバー全員が，目標の重要性を認識している必要がある。ただし，重要性は，大きく分けると，組織にとっての重要性と個人にとっての重要性に分かれる。どちらの重要性についても認識しておくことが必要となる。

組織にとっての重要性

　組織にとっての重要性は，組織のミッションやビジョンなどに関わる。組織には，組織のミッションやビジョン，それに基づく戦略と目標があるはずである（図表13-1）。ミッションは，組織の使命であり，組織の究極の目的である。組織の存在意義そのものといってもよい。ビジョンは，そのミッションを達成するために，組織があるべき理想的な状態であり，組織が目指すべき将来像である。戦略は，そのようなビジョンを実現するために必要となる行動および資源配分の方針である。目標は，戦略を遂行していくプロセス上の各段階に

図表13-1 ミッション，ビジョン，戦略，目標

組織のミッション ➡ 組織のビジョン ➡ 組織の戦略 ➡ 組織の目標

| 組織の使命，究極の目的，存在意義 | ミッションを果たすためにあるべき組織の将来像 | ビジョンを実現するための組織の行動および資源配分の方針 | 戦略遂行上の各プロセスにおける組織の到達目標 |

おける到達目標である。

図表13-1で示されているとおり，組織が最初に定めるべきはミッションである。組織の使命，存在意義が定まらなければ，何も始まらない。社会が必要としないミッションを掲げている組織や，掲げたミッションを達成できない組織は，社会的な存在意義がない組織であり，いずれ消えてしまうからである。

ミッションが定まれば，それを実現するためのビジョンが定まり，ビジョンが定まれば，それを実現するための戦略や目標が定まる。なお，目標を実現するための具体的な手段が戦術であり，これをあらかじめ定めたものが計画である。

このように考えると，職場目標の組織としての重要性を高めるためには以下の4つが必要となる。

第1に，社会的な意義があり，従業員がその意義を理解し，奮い立つミッションを掲げることである。それは，単に掲げられただけのお題目のミッションではない。組織として真剣に実現を目指しているミッションである必要がある。

第2に，ミッションを実現することが可能なビジョン，戦略，目標を設定していることである。いくらすばらしいミッションを掲げたところで，これを実現することができなければ，画に描いた餅になってしまうからである。

第3に，組織のミッション，ビジョン，戦略，目標が個々の従業員に明確に伝わっていることである。いくらすばらしいミッションを掲げたとしても，また，いくら有効なビジョン，戦略，目標を設定したとしても，それが組織を構成する1人1人に伝わっていなければ意味をなさない。

第4に，職場の目標が，組織のミッション，ビジョン，戦略，目標とどのように関係しているのかを示すことである。職場で掲げられている目標を達成することが，組織全体の戦略や目標のどの部分を担い，組織全体のミッションやビジョン達成にどのように貢献するのかが明確になれば，職場の目標の組織的な重要性を認識することができる。

　このように，ミッションの重要性とその実現可能性が明確に伝わり，なおかつ，職場目標が組織のミッション，ビジョン，戦略，目標とどのように結びついているかが理解できれば，その目標が重要であると心から思うことができる。逆に，重要性が伝わっていなかったり，職場目標との関係が不明確であったりすれば，なぜ，その目標を達成しなければならないのか理解することができないだろう。

　ご存じのとおり，2015年に東芝は，不正会計処理という大きな不祥事を起こした。第三者委員会の報告によると，その背景には，"チャレンジ"と称する過大な目標値が示され，必ず達成しなければならないというプレッシャーが社内にあったとのことである。当時の東芝の社員にとっては，"チャレンジ"で示された過大な数値が目標だったのである。

　しかし，本来東芝には，ミッションがあったはずである。"東芝グループは，人間尊重を基本として，豊かな価値を創造し，世界の人々の生活・文化に貢献する企業集団を目指します。"というのが東芝グループの経営理念であり，"人と，地球の，明日のために"がそのスローガンである[3]。つまり，東芝のミッション，すなわち究極の存在目的は，人や地球の未来のために，豊かな価値を創造することであったはずである。

　この東芝のミッションと"チャレンジ"で掲げられた過大な数値目標は，明らかに整合しない。このため，東芝の社員にしてみれば，なぜ，この数値目標が重要なのか理解できなかったはずである。目標の重要性が理解されなければ，その達成に向けたモチベーションも上がらない。しかし，達成しないと厳しく追及されるため，ついつい不正な手段に頼ってしまう。もし，東芝の経営者が掲げた目標が，東芝の社員にとって重要だと理解されていれば，

不正会計処理をしてまで達成したように見せることはしなかったはずである。

　現場の従業員にとって，職場の目標が重要だと感じるのは，その目標を達成することが，組織全体のミッション，ビジョン，戦略，目標の達成に貢献するということを実感できるときである。したがって，まず，社員が明確で重要だと思えるミッションを掲げ，それを実現するための，ビジョン，戦略，目標を設定することが必要となる。そのうえで，組織のミッションなどと整合性のある職場目標を設定することが求められる。

個人にとっての重要性
　職場目標が重要であるとメンバーが認識するためには，職場目標の達成が，個人にとっても重要であると認識してもらう必要がある。いくら目標が会社のミッションやビジョンに結びついていたとしても，その目標を達成することが，個人にとって重要だと感じられなければ，目標を大事にしたり，目標を達成したいと思ったりしないからである。
　個人にとっての重要性を検討する際に参考になるのが，マズローの5階層欲求理論である。マズローの5階層欲求理論によると，人間の欲求は，以下のとおり大きく5つに分かれる。

　生存欲求：生存するために最低限必要となる生理的な欲求で，食欲や睡眠欲などが含まれる。

　安全欲求：心身ともに安全に生活することに対する欲求で，危険な状態を回避したいという欲求や，ストレスを避けたいという欲求などが含まれる。

　社会欲求：人間関係を求める欲求で，家族や恋人から愛されたいという欲求や，友人から大事な仲間だと思われたいという欲求などが含まれる。

　自尊欲求：他者からの承認を求める欲求で，他の人から尊敬されたいという

欲求などが含まれる。

自己実現欲求：自分の能力や可能性を最大限に発揮したいという欲求で、創造性を発揮することへの欲求や、達成することへの欲求などが含まれる。

同理論によると、これらの欲求は、並列的に存在するのではなく、図表13-2に示すとおり階層をなしている。具体的には、下位の欲求が満たされて初めて上位の欲求が生じるのである。例えば、下位の生存欲求や安全欲求が満たされない限り、他人から愛されたいという社会欲求や他人から尊敬されたいという自尊欲求は生じない、ということである。

このように、人間の欲求は大きく5つに分かれ、その段階に応じて、求める欲求が異なる。したがって、職場のメンバーに目標が重要であると認識してもらうためには、その目標が彼ら／彼女らの欲求を満たすものでなければならない。

例えば、発展途上国で大きなプラントを完成させることが職場の目標だったとしよう。そのプラントが完成すれば、その国の産業発展に大きく貢献するし、また、地域の雇用にも結びつく。職場のメンバーが、発展途上国の人たちのために力になりたい、という自己実現欲求を持っていれば、職場の目

図表13-2　マズローの5階層欲求理論

出所：Maslow（1954）をもとに筆者作成。

標の重要性は理解されるであろう。
　しかし，メンバーの欲求と職場の目標の間にギャップが生まれることもある。そうなると，メンバーは，職場の目標にコミットすることができない。もし職場のメンバーが，「自分の職を失いたくない」とか「過度なストレスがない状態で仕事をしたい」など，安全欲求を重視しているとすれば，発展途上国で大きなプラントを建設する，という職場の目標は，メンバーの心には響かないだろう。

　メンバーの欲求と職場目標の間の整合性をとるためには，各メンバーのニーズを把握しておくことが必要となる。また，職場目標の達成が，個人の欲求を満たすことにつながることをきちんと説明することも必要になる。
　例えば，報酬の明確化である。メンバーの欲求を満たす報酬を提示し，なおかつ，目標の達成度合いと報酬がリンクしていることを明示することで，メンバーの目標達成に対するコミットメントを高めることができる。先の海外プラントの例で言えば，安全欲求が高いメンバーに対して，現地での仕事の安全性をきちんと説明したり，現地の仕事での成功が十分な報酬に結びつくことを説明したりすることは有効であろう。
　ただし，職場のメンバーはさまざまな欲求を持っており，欲求の段階も一様ではないかも知れない。そのようなときに，全メンバーの欲求を満たす報酬を提示することは難しい。
　その場合に重宝されるのが，金銭である。金銭は，人のさまざまな種類の欲求を満たす手助けをしてくれるからである。このため，目標達成の報酬として金銭を用意することは効果的である。成果主義賃金制度などは，その典型であろう。
　しかし，先述したとおり，金銭に代表される外的報酬は，内発的モチベーションを阻害する可能性がある。内発的モチベーションは，個人業績や創造性に重要なプラスの影響を及ぼすため，内発的モチベーションが低下するのはマネジメント上問題がある。
　メンバーの内発的モチベーションを重視するのであれば，金銭的報酬に頼り

すぎるのは避けるべきである。内的報酬の魅力を説明し，なおかつ，目標達成することが内的報酬の受け取りにつながることを説明することが求められる。

　海外プラントの例で言えば，発展途上国において，大きなプラントが完成することが，いかにその国の人たちの幸福に貢献するのかを説明する必要がある。そのうえで，他国の人の幸福に貢献することが，どれほど自分たちにとっても幸せなことなのか，ということを理解してもらうのである。低次の欲求を超えて自己実現欲求を引き出すことが，時には必要となる。

目標の明確さ

　目標の明確さも重要である。なぜなら，目標が曖昧で多義的であると，必要な情報や行動についてのコンセンサスを職場内でとることができず，結局，それぞれがバラバラに行動することになってしまうからである。

　また，目標が不明確であると，目標達成に対するモチベーションが低下してしまう。モチベーション理論の1つである目標設定理論は，目標が明確であるほど，モチベーションが高まることを指摘している。

　例えば，親が，小学生の子供に対して，一所懸命勉強させるために，以下のどちらかの言葉を発したとして，どちらが小学生の勉強に対するモチベーションが上がるであろうか？

　　A：一所懸命勉強しなさい。
　　B：30分以内に，このページに書かれている練習問題3問解きなさい。

　答えは明白である。Bのほうがモチベーションを高める。というよりも，Aを親から言われたとして，「よし，勉強をがんばろう」と心から思う小学生がいたら不思議である。

　大人も同様である。曖昧性が高く多義的な目標であれば，その目標を達成しようというモチベーションは高まらない。モチベーションを高めるためには，明確で具体的な目標を提示する必要がある。

図表13-3　ある地方公共団体の人事考課基準の一部

積極性	現状に満足することなく，常に前向きに組織や自分自身のレベルアップに努めているか
責任感	他に責任を転嫁することなく，最後まで信念をもって自分の仕事を達成しようとしているか
住民応対	庁舎内外を問わず，好感の持たれる応対を心がけているか
コスト意識	仕事はいつも計画性を持って行っているか

　図表13-3を見てもらいたい。これは，ある地方公共団体の人事評価基準の一部である。

　非常に曖昧な評価基準である。働いている者にとって評価基準は，重要な目標である。それがこのような曖昧なものであると，それを目標に一所懸命がんばる，という気持ちにはなれないだろう。

　もちろん，人事評価基準は，全従業員一律である場合が多い。このため，あまり個別具体的な基準を設定することはできない。このため，職場ごとに，もしくは，個人ごとに，個別具体的な目標を設定する必要がある。逆に，それがないと，職場のメンバーは，何を目標にがんばればよいのかわからなくなる。そうなると，各メンバーの行動がバラバラになったり，モチベーションそのものが低下してしまったりすることになる。

目標の受け入れ

　目標設定理論は，目標の明確さと同様に，目標の高さも重要であると指摘している。つまり，目標が高いほど，モチベーションが上がるというのである。

　親の小学生に対する言葉として，以下の2つを比べてほしい。どちらのほうがモチベーションを高めるだろうか？

A：30分以内に，このページに書かれている練習問題のうち2問を解きなさい。

B：30分以内に，このページに書かれている練習問題5問をすべて解きなさい。

　答えはBである。なぜなら，Bのほうが，課題を終わらせるために，より高いモチベーションを必要とするからである。
　しかし，ここで疑問がわく。目標が高すぎると，かえって，あきらめてしまうのではないだろうか？　この点について，目標設定理論は，目標の受け入れが前提である，と指摘している。目標の受け入れとは，目標を達成することが重要であると認識し，かつ，努力次第ではその目標を達成できると認識することである。
　目標の重要性についての認識については，先述したとおり，目標が組織・個人にとって重要であるかどうかの認識である。目標が重要であると認識していれば，たとえ高い目標であっても，それを達成したいと感じるだろう。
　一方で，目標が努力次第で達成可能かどうか，という点も重要である。たとえその目標がとても重要であり，なおかつ，目標を達成すれば，すばらしい報酬を得られると認識していても，「どんなに努力しても目標を達成することは絶対に無理だ」と感じていれば，「目標達成に向けて努力しよう」という気にはならない。
　100メートル走の記録に挑む，短距離選手を考えてみよう。これまで公式の競技で9秒台の記録を出した日本人選手は数人しかいない。10秒05の記録を持っている選手が，"日本人で初めて夢の9秒台"という目標を掲げて一所懸命練習に励む，ということはありうる。"日本人で初めての9秒台"という目標は，明確で高い目標である。また，この目標を達成することの重要性も理解できる。さらに言えば，10秒05という記録を保持しているのであれば，絶対に不可能という目標でもない。目標が明確で高く，なおかつ，その目標が受け入れられていれば，その目標に向けてモチベーションが高まるのである。
　しかし，例えば，"人類で初めて8秒台"という目標を掲げた場合はどうで

あろうか？　この目標も明確で高い目標である。また，この目標が人類史上極めて重要であることも認識できる。しかし，どれほど練習をしたとしても，現時点では，人類がとうてい及ばないだろうと誰もが考える8秒台という目標を，9秒台も出したことがない選手が，努力次第で可能である，と考えるだろうか？　おそらく，そのような目標を提示されても，「そのような目標は達成できるわけない」と考えるであろう。いくら他の条件がそろっていたとしても，目標の受け入れがなければ懸命に努力しようという気にはならないのである。

　先述した東芝の不正経理処理の問題のように，"チャレンジ"という名のもとに，達成が不可能とも思える高い目標を掲げられた場合，たとえ目標が明確で高くても，その目標に向けて努力をしようと思えない。むしろ，不正経理という非倫理的な手段をとることにモチベーションを高めてしまうのである。このように，目標設定理論では，目標が受け入れられることを前提に，明確で高い目標がモチベーションを高めることを指摘している。

　世界で初めてロータリーエンジンの量産化に成功したのは，東洋工業（現・マツダ）である。開発に関わったのは，同社のロータリーエンジン研究部である[4]。この研究部は，1963年に，ロータリーエンジン量産化のための本格的な技術開発を行うために，若手の技術者47人が集められ発足した。この研究部を率いたのが山本健一氏である。

　山本氏は，集まった47人の技術者たちに対して，以下のように語っている。

　「世界に先駆けて，ロータリーエンジンの量産化に成功しよう。誰もが，実用化は不可能と言われた夢のエンジンをわれわれの手で作り上げよう。
　今日から君たち四十七士は，研究室をわが家と思い，ロータリーエンジンが完成するまで，寝ても覚めてもロータリーエンジンのことを考えてほしい。苦しいことも多いだろうが，そのときは赤穂浪士の苦労を思い起こして耐えてほしい」

この山本氏の言葉に，若い技術者たちは奮い立った。彼らは，寝食を忘れてロータリーエンジンの開発に取り組み，最終的には量産化に成功したのである。

　山本氏が掲げた"ロータリーエンジンの量産化"という目標は，これ以上ないほど明確な目標である。また，世界の名立たる一流メーカーでさえも開発を断念したエンジンを開発する，というのは，当時の東洋工業としては，非常に高い目標である。
　加えて，当時の山本氏は，若い技術者から見ると，実績を残している偉大な技術者である。その山本氏が「自分たちに必ずできる」というのである。尊敬する技術者である山本氏の自信に満ちた言葉だからこそ，若い技術者は信じることができたのである。つまり，若い技術者たちは，山本氏が掲げた高い目標を受け入れたのである。
　明確で高い目標とその受け入れがあったからこそ，ロータリーエンジン研究部の若い技術者たちは，ロータリーエンジンの開発に向けて執着心にも似た高いモチベーションをもって挑んだのであった。**目標そのものが，彼らを奮い立たせたのである。**

2　視点の変化：観客席とフィールドの両方の視点

　再びサッカーの話である。観客席でサッカー観戦をしていて，うまくパスを回すことができない選手を見て，イライラしたような経験はないだろうか。容易にパスができる仲間がいるにもかかわらず，1人で相手選手のディフェンスを突破しようとして失敗するのを見て，「なぜ，あの選手にパスをしないのか」と感じるような経験である。
　一方で，自分が実際にプレーをしていて，目の前を敵に囲まれてしまい，どこにパスを出して良いかわからなくなってしまう，というようなことも，サッカーをしたことがある人なら経験したことがあるだろう。
　観客席で観戦していると，フィールド全体がどのような状態になっているの

かがよくわかるが、フィールド上で目の前の敵に対峙している臨場感を味わうことはできない。逆に、自らサッカーをしているときは、フィールド上での臨場感は味わえるが、フィールド全体がどのような状態になっているのかを把握することは難しい。つまり、観客席からフィールド全体を見渡す光景と、フィールドで敵と対峙する光景は異なり、通常は、同時に双方を見ることはできない（図表13-4a・b）。

しかし、優秀なサッカー選手は、どちらの視点も持っている。フィールドでプレーをしているのだから、フィールド上の臨場感のある光景は、実際に目で見えているだろう。一方で、実際に目では見えていなくても、フィールド全体がどのような状態で、どこに敵や味方がいて、どこにスペースがあるのか、ということを、把握している。つまり、一流のサッカー選手は、観客席からの視点とフィールド上の視点の両方を持っているのである。

リーダーシップも同様である。効果的なリーダーシップを発揮するためには、

図表13-4a　スタジアムから見た光景

図表13-4b　フィールドから見た光景

両方の視点が必要になる。したがって，職場のメンバー全員がリーダーシップを発揮するためには，全員が両方の視点を持っていることが必要となる。

フィールドから出て観客席から眺める：現場感覚と全体的視点

目標達成のために必要なリーダーシップを発揮するためには，フィールドと観客席の視点，すなわち，現場感覚と全体的な視点の両方が必要になる。現場感覚とは，実際の現場で何が起こり，どのようなことが業務の遂行を阻害しているのか，とか，その場にいる人たちがどのような気持ちで働いているのか，などといったことに関する感覚である。

現場感覚がなければ，現場において，適切な影響力を発揮することができない。例えば，東京電力福島第一原発事故に関する独立検証委員会は，その報告書において，菅直人首相（当時）ら政府首脳による現場への不適切な介入が，無用の混乱と危険の拡大を招いた可能性があると指摘している[5]。現場を適切に把握していない人がリーダーシップを発揮しようとして，かえって現場が混乱する，といった例は，どこの会社でもよく見られる光景である。

しかし，リーダーシップを発揮するためには，現場感覚だけでは足りない。適切な影響力を発揮するためには，大きな視点から現場を見る必要がある。これは，ハーバード大学ケネディスクールでリーダーシップを教えているロナルド・ハイフェッツが言及している「ダンスフロアから出てバルコニー席にあがる」という行動である[6]。つまり，**効果的なリーダーシップを発揮するために，一歩引いてみて，全体を見渡すことが必要である**ということである。

職場全体がどのような状態にあるのか，とか，会社や部門全体から見て，今の職場で何を求められるのか，といった視点を持つことが重要になる。俗に言う"指示待ち族"の人は，この視点が欠けている。自分が担当している仕事が職場全体でどのように位置付けられているのか，また，職場全体の目標は何なのか，といった視点がないから，問題が発生したときに自分で判断ができないし，自分に課された仕事が終了した後，次にどの仕事に取り組めば良いかを考えることができないのである。

賄賂を払う？ 払わない？：静態的視点と動態的視点

全体的視点は，会社全体のミッション，ビジョン，戦略，目標といった視点からとらえる静態的視点と，会社全体の仕事の流れや人間関係から見た視点でとらえる動態的視点の2つに分かれる。

静態的視点

会社全体のミッション，ビジョン，戦略，目標を理解すると同時に，それが，部門や職場にどのようにブレークダウンされているのかを理解することが必要となる。

図表13-1で示したとおり，会社には，ミッションがあり，それに基づいて設定されたビジョン，戦略，目標がある。これらのミッション等は，部門のレベルにブレークダウンされ，さらにそれが職場レベルにブレークダウンされ，最終的には，個人の目標にブレークダウンされる。

これを図で示したものが図表13-5である。少々わかりづらいので説明しよう。まず一番上の行の横の流れである。これは，組織のミッションからビジョン，戦略，目標がブレークダウンされていることを示したものである。ここだけ取り出してみてみると，図表13-1と同じ図になっている。同様に，部門や職場，個人にはそれぞれミッションがあり，これらのミッションはそれぞれのビジョン，戦略，目標にブレークダウンされる。これを示しているのが2～4番目の行の横の流れである。

次に，一番左の列の縦の流れである。これは，会社のミッションが社内でブレークダウンされるプロセスを示している。組織のミッションは部門のミッションにブレークダウンされ，それが職場にブレークダウンされる。そして，最終的には，各個人にブレークダウンされる。つまり，各個人には，会社のミッションからブレークダウンされたミッションがあるはずである。同様に，ビジョン，戦略，目標も組織から，部門，職場を経て個人にブレークダウンされる。これを示したのが2～4番目の列の縦の流れである。

このように縦横で考えると，個人の目標は，2つの流れからブレークダウン

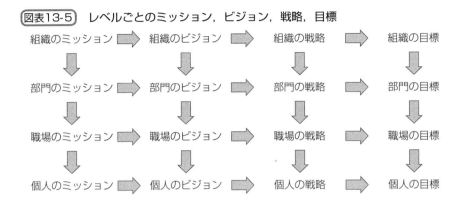

図表13-5　レベルごとのミッション，ビジョン，戦略，目標

されていることがわかる。1つは，一番右の列に示されている組織の目標からのブレークダウンである。個人の目標は，組織や部門，職場の目標の一翼を担っている。このため，個人目標が，組織や部門，職場の目標にどのように関係し，どのように貢献することになるのかを理解することが必要となる。

もう1つは，一番下の行に示された個人のミッションからのブレークダウンである。各個人には個人のミッションがあり，それを達成するためのビジョンと戦略がある。各個人の目標は，その戦略の達成プロセスにおける到達目標である。このため，個人目標が，個人の戦略やビジョン，ミッションにどのように関係し，どのように貢献するのかを理解することも必要となる。

このように考えると，個人の目標は，おおもとを正せば，会社全体のミッション等を達成するために設定されているはずである。したがって，**会社全体のミッション等を理解したうえで，それがどのように部門を通じて職場レベル・個人レベルにブレークダウンされているかを理解できていないと，職場の目標に向けて本当に必要な行動が何であるのか，判断することができない**。そうであれば，適切なリーダーシップを発揮することもできない。

第2部第10章の図表10-3を思い出していただきたい。通常，個々の従業員は白丸の中の仕事を行っている。しかし，必要に応じて，黒色部分の仕事も行わなければならない。その際に，どの仕事から先に行うのか，とか，具体的に

どのようなやり方で行うのか，といった判断は，自分の目標や職場の目標だけしか理解していない状態では，正しく判断できない。会社や部門全体のミッション，ビジョン，戦略，目標が何で，職場や自分がどのような貢献を期待されているのかを理解していなければ，とんちんかんな影響力を発揮してしまう。逆に，自分が行っている仕事や職場全体の仕事が，会社や部門のミッション等にどのように結びついているかが理解されていれば，いちいち指示をされなくても適切な行動を選択できるし，必要に応じて，適切なリーダーシップを発揮することができる。

例えば，新たな市場を開拓しようとしている海外営業拠点のメンバーを考えてみよう。その国では，営業活動をスムーズに行うために，さまざまな法律的課題をクリアしなければならない。課題を速やかにクリアするためには，担当の役人に対してリベート（世話料，賄賂）を支払うのが最も効果的である。当然，その国では役人へのリベートは法律で禁止されているものの，多少のリベートであれば慣習的に黙認されており，他の競争相手も多かれ少なかれ支払っている。一方で，会社のミッションは人類の福祉に貢献することであり，かつ，コンプライアンスを重視することがビジョンの1つとして定められている。さて，担当者は，リベートを支払うべきだろうか？

会社のミッションやビジョンと自らの目標を結びつけて考えることができれば，たとえリベートを支払うことが目標達成のための近道であっても，その選択肢をとることはないだろう。このため，不正なリベートを払わなくても営業活動がスムーズに行くように，職場の他のメンバーと協力し合ったり，本社の力を借りたりしながら，目標達成に向けて努力をすることになる。つまり，会社のミッション・ビジョンに沿ったリーダーシップを発揮することになる。
一方で，会社のミッションやビジョンに関係なく，自らの売り上げ目標だけしか考えられないとすれば，リベートを払う選択肢をとるだろう。この場合，効果的で，なおかつ，見つからないようにリベートを支払うことに腐心し，そのために必要なリーダーシップを発揮していくことになる。しかし，残念なが

ら，この人が発揮するリーダーシップは，会社のミッション・ビジョンから見れば，とんちんかんなリーダーシップ，ということになる。

職場のメンバーが，独り善がりのリーダーシップを発揮するのではなく，適切なリーダーシップを発揮するためには，職場のメンバー全員が，静態的視点から職場や自分の目標や仕事を捉えることが必要となる。

動態的視点

会社全体や部門，職場の中でどのように仕事が流れ，どのような人間関係があり，どのようなコミュニケーションが行われているのか，などといったことを把握する視点も必要となる。これが動態的視点である。

例えば，あなたが職場の他のメンバーと商品の販売促進プランの提案準備をしているとしてみよう。あなたは当該商品の市場調査を担当しており，ひととおりの調査を終えたところである。もう少し時間と費用をかければもっと詳細な分析を行うことができる状態だが，このままでも，ある程度顧客を納得させることができる資料を作成することはできる。このまま調査・分析を続けるべきか？　それとも，ここで終えておくべきだろうか？

どちらにすべきかは，他のメンバーの仕事の進捗度合いにもよるだろう。他のメンバーが仕事に行き詰まっていたり忙しそうにしていたりすれば，とりあえず調査を終え，他の仕事を手伝う，という選択肢もある。

また，職場全体としてどのような仕事を抱えており，その中でこの提案を成功させることが，相対的にどの程度重要なのかも考える必要がある。職場でもっと重要な仕事を抱えているのであれば，早めに資料を作成し，さっさとそちらの仕事に取りかかったほうが良い。一方，この提案が職場にとって非常に重要であれば，追加のコストをかけてでも，プランを精緻化することが求められる。

つまり，**自分の仕事が職場全体の仕事の流れの中で，どのような位置にある**

のかを理解することが必要になる（図表13-6）。現在，職場として抱えている業務がどの程度進行しているのか，また，個々のメンバーの進行状況や連携状況はどのようになっているのか，ということを理解していれば，いちいち上司に確認しなくても，適切な影響力を自らの判断で行使することができる。

　適切な影響力を行使するためには，仕事の状況だけでなく，人の状況についても把握しておく必要がある。例えば，機械部品メーカーの営業担当者が，顧客から，納品した製品に関連した技術的な質問を受けたとしよう。営業担当者は，高度な技術的な知識を持っていないため，社内に戻って，技術担当者の意見を聞いたり，時には，技術担当者に出向いてもらったりする必要がある。

　本来のルートを使うのであれば，まずは自分の上司に報告する必要がある。上司経由で技術部門の責任者に依頼し，しかるべき人を推薦してもらってからその人に相談することになる。

　しかし，緊急の場合や重要な顧客の場合，素早く対応する必要がある。その際は，インフォーマルなルートを用いるほうが早く対応できる。

　ただし，インフォーマルなルートを用いるためには，人についての情報も必要となる。この場合で言えば，技術部門では誰がどのような仕事をし，誰がこの問題に対応可能なのか，とか，誰ならインフォーマルな依頼でも応じてくれるのか，などといった情報である。また，2人以上に相談する場合には，その2人の人間関係にも配慮する必要があるかもしれない。さらに，顧客に対面し

図表13-6　職場全体の仕事の流れの中での位置を把握

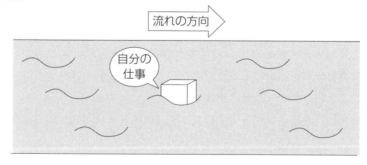

てもらう場合，誰ならそつなく顧客に対応してくれるか，といった情報も必要となろう。

適切なリーダーシップを発揮するためには，仕事の流れだけでなく，人の動きや人間関係などについても把握することが重要なのである。

社会的視点の必要性

静態的にとらえる場合も動態的にとらえる場合も，全体的視点から見る場合には，ときに，会社を超えて社会的な視点から見ることも必要になる。なぜなら，会社のミッションは，社会の状況に依存しているからである。社会状況が変われば，会社のミッションの意義も変わるし，そうなれば，ビジョン，戦略，目標が変わる可能性がある。当然，それに伴って部門や職場，個人のミッション等も変わるはずである（図表13-7）。

例えば，大学生の飲酒である。以前は，大学生になれば，20歳未満であっても，飲酒することが大目に見られることが多かった。しかし，最近では，未成

図表13-7　社会的視点から見た仕事

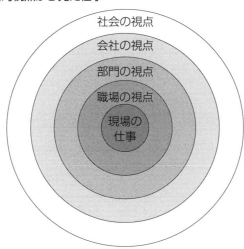

年の飲酒は厳しく禁じられており，どこの大学も，学生に向けて強いメッセージを発している。

　法律自体は以前と変わらないが，社会の風潮が変わってきたということであろう。「法律は法律だが，大学生ともなれば大人だから，厳しいことは言わなくてもよい」という風潮が，「法律を守るのは当たり前であり，飲酒による事故を防いだり，アルコールハラスメントを防いだりするためにも，飲酒に関わる法律は厳守すべきだ」という風潮になってきたのである。このような風潮が良いか悪いかは別にして，社会風潮の変化に合わせて大学生の飲酒ルールも厳格化されるようになってきた。

　接待やキックバックなど，以前は暗黙的に許されていたものも，法令遵守の風潮が強まるにつれ，徐々に許されなくなり，法律によって処罰されることも増えてきている。問題が指摘されて「あぁ，昔は良かったのに……」と嘆いても始まらない。そのような人は，自らの会社や部門，職場を，社会全体の動きの中でとらえることができなかっただけ，ということになる。

　このように，適切なリーダーシップを発揮するためには，社会という大きな視点から組織や職場をとらえ直すことも，時には必要になるのである。

注■

1　これ以降のアメーバ経営に関する記述は，稲盛和夫（2006）『アメーバ経営―ひとりひとりの社員が主役』日本経済新聞社をもとにしている。

2　これ以降のスペースX社に関する記述は，Vance, A.（2015）*ELON MUSK: Tesla, SpaceX, and the Quest for a Fantastic Future*, New York, NY: Harper Collins.（斎藤栄一郎訳『イーロン・マスク―未来を創る男』講談社，2015年）をもとにしている。

3　東芝HPより（http://www.toshiba.co.jp/about/com_j.htm#RINENHO）

4　これ以降のロータリーエンジン開発に関する記述は，DVD『プロジェクトX 挑戦者たち ロータリー47士の闘い ～夢のエンジン 廃墟からの誕生～』NHKエンタープライズとマツダのHP（http://www.mazda.com/ja/innovation/stories/rotary/newfrontier/）をもとにしている。

5　同報告書は，必ずしも菅氏の言動を批判しているだけでなく，同氏の行動力や決断力について評価もしている。

6 Heifetz, R. A. and Linsky, M. (2002) *Leadership on the line: Staying alive through the dangers of leading*（Vol. 465）: Harvard Business Press.

第14章
信頼の醸成

　分化と統合という，一見相反する事象を同時に達成するためには，職場内にメンバー間の信頼関係を築くことが必要となる。**信頼とは，他人に安心して身を任せることができるような心理状態のことである**[1]。

　信頼とよく似た概念に信用がある。しかし，組織行動論上，信頼と信用は意味が大きく異なる。信用は，相手に身を任せても，自らに危害を加えられないという期待である。つまり，ネガティブなことが起こらないことについての期待である。これに対して信頼は，相手に身を任せた場合，自分が困ったときに助けてくれたり，自分に有益なものや情報をもたらせてくれたりするという期待である。つまり，ポジティブなことが起こることについての期待である。

　職場内で分化と統合を両立し，すべてのメンバーが必要に応じてリーダーシップを発揮するためには，信用だけでなく，信頼関係を構築することが必要になる。

信頼構築の重要性

　職場に信頼関係が構築されると，職場のメンバーは，安心してリスクを負おうとする。また，信頼関係が構築されると，相互に協力し合おうとする。これが，シェアド・リーダーシップ発揮のための重要な土壌となる。

信頼とリスク

　リーダーシップには，自らの意志による行動が伴う。しかし，自らの意志による行動にはリスクが伴う。上司の指示通りに行動していれば，たとえ失敗したとしても，本人だけが責められることはない。行動を指示した上司にも責任

があるからである。しかし，自分の意志に従って行動した場合は，本人が責任を負うことになる。

このため，失敗によって厳しく責任が追及されることを恐れれば，自らの意志で行動しようという気にならない。もちろん，過失や怠慢による失敗の責任は追及されるべきである。しかし，十分に考え，調べ，真剣に取り組んだけれどもうまくいかない，というときもある。そのようなときまで厳しい責任を追及されれば，自らの意志で動いてリスクを負おうとはしなくなる。

このため，職場のメンバーは，他のメンバーとの信頼関係が構築されていないと，自ら動こうとしない。失敗の責任を追及されるのが怖いからである。信頼関係がなければ，たとえ前向きな失敗であっても，失敗だけに焦点を当てて追及されてしまうと考えてしまう。実際に，人は，信頼関係がない人の失敗を見ると，責任を追及したくなってしまうものである。

逆に，メンバーの間に「目標達成に向けた前向きで真剣な行動であれば，みんなは受け止めてくれる」という信頼関係が構築されていれば，リスクをとることが怖くなくなる。たとえ失敗しても，前向きな失敗ならそれを責めず，むしろチャレンジを褒め称えるような関係が職場で構築されていれば，メンバーは喜んで，自らの意志に従って行動しようとする。このため，職場の分化が促進されるのである。

信頼と協力

職場の各メンバーが，他のメンバーと連携しながら適切なリーダーシップを発揮するためにも，また，相互に他のメンバーのリーダーシップを受け入れるためにも，メンバー間で協力したり助け合ったりすることが必要となる。相互に協力や援助を行うことができなければ，個々が好き勝手にリーダーシップを発揮するような状態になってしまうからである。

職場内に信頼関係が構築されると，職場の目標達成に向けて，みんなで協力しあったり助け合ったりようになる。協力や援助といった行動をとることも，本人にとってはリスクになりうる。なぜなら，他のメンバーが成果を上げることで，自らの相対的な評価が下がったり，協力して上げた成果を横取りされた

りする可能性があるからである。

　このため，そのような可能性があると感じていれば，協力や援助といった行動はとらない。一方で，メンバー間に信頼関係が構築され，自分の評価が下がったり横取りされたりするような心配がないと信じることができれば，安心して協力や援助を行うようになる。

　また，信頼には，自分が困ったときには相手が助けてくれるだろう，という暗黙的な期待も含まれている。信頼しているメンバーから協力を求められた場合，相手はそのような期待を抱いているのであり，求められた側は，相手のそのような期待に応えたい，と感じるだろう。職場全体で信頼関係が構築されている，ということは，みんなが相互に期待をし，また期待に応えたいと思っているということである。このため，相互に協力したり援助したりするようになるのである。このようなメンバー間の協力や援助行動が，職場の統合を促進することになる。

信頼関係構築のために

　職場内で信頼関係を構築するためには，相互に他のメンバーから信頼を獲得することが必要となる。それでは，どのようにすれば，他のメンバーから信頼を獲得することができるのであろうか？

　信頼は，リーダーシップ研究において重要な概念であるため，さまざまな先行研究が行われている。これらの研究の結果をまとめると，他者から信頼を得るためには以下の6つが重要であるといえる[2]。

　1）有能であること
　2）誠実であること
　3）慈悲深いこと
　4）開放的であること
　5）公正であること
　6）一貫性があること

なお，先行研究の多くは，リーダーがフォロワーから信頼を獲得するための要因として明らかにしている。しかし，上記要因は，メンバー間においても信頼獲得のために重要な役割を果たす。このため，以下で詳述する。

有能であること

この場合の有能とは，職場の目標達成に必要な貢献をできる能力を持っている，ということである。当然のことながら，必要な能力がないリーダーに対して信頼はできない。また，同僚であっても，能力に欠けていれば，いくらいい人であっても，職場において信頼する，ということはできないだろう。

なお，能力は，必ずしも仕事に関する専門的・技術的能力だけを指すわけではない。例えば，元ハーバード・ビジネス・スクール教授でマネジメント研究の第一人者であったカッツは，マネージャーに求められる能力として，専門的・技術的能力，人間関係能力，概念構築能力をあげている[3]。専門的・技術的能力は，仕事をやり遂げるために必要な能力である。一方，人間関係能力とは，他のメンバーとコミュニケーションを取ったり協力関係を築いたりする能力である。また，概念構築能力とは，ビジョンを示したり，戦略を示したりする能力である。

カッツは，これらの能力は，マネージャーのポジションによって，その重要性が異なることも指摘している。概念構築能力は，一線のマネージャーにとっての重要性はそれほど高くないが，上位に行くに従ってその重要性は増し，トップ層のマネージャーにとっては，最も重要性が高まる。逆に，専門的・技術的能力については，一線のマネージャーにとって重要であるが，上位に行くに従ってその相対的な重要性は減少する。一方，人間関係能力は，そのポジションにかかわらず，その重要性は一定である（**図表14-1**）。

カッツは，マネージャーに焦点を当てて主張しているが，これは，必ずしもマネージャーだけに求められる能力ではない。他のメンバーから信頼を得るためには，公式的な地位にかかわらず，上記3つの能力を発揮することが必要となる。

当然のことながら，人によって，3つの能力の相対的な重要性は異なる。公

図表14-1 マネージャーに求められる能力

```
                     相対的な重要性
トップ層のマネージャー  ┌─────────────────────────┐
                     │ 概念構築能力                │
                     │        ＼                   │
ミドル・マネージャー   │          人間関係能力      │
                     │                  ＼        │
                     │                    ＼  専門的・│
                     │                       技術的│
一線のマネージャー    │                       能力 │
                     └─────────────────────────┘
```

出所：Katz（1974）をもとに筆者作成。

式のリーダーや経験豊富なメンバーは，相対的に概念構築能力の重要性が高いかもしれない。一方，比較的若いメンバーは，専門的・技術的能力の重要性が高い可能性がある。

しかし，いずれの場合であっても，3つの能力を必要に応じてバランス良く備えていることが，他のメンバーからの信頼獲得には必要となる。職場の各メンバーが，それぞれ必要な能力を備えていれば，相互に信頼感を高め，信頼関係が構築された職場にすることが可能となるのである。

誠実であること

誠実さの重要な側面の1つは正直さである。この点について，著名なリーダーシップ研究者であるクーンツとポスナーは，重要な示唆をしている。彼らは，世界の75,000人に対して継続的に"ついていきたいと思うリーダー"についてのアンケート調査を実施している。その結果，時を超えて，また，国や文化を超えて，最も重要な資質が以下の4つであることを明らかにしている[4]。

この中でも，最も重要な資質としてあがったのが"正直さ"であった。彼らは，この結果を受けて，「効果的なリーダーシップを発揮するためには，フォロワーから信頼されることが重要であり，そのためには正直さを示すことが，

最も重要なことである」と結論づけている。

　当たり前の話であるが、どんなに有能であっても、また、どんなにすばらしいビジョンを語ってくれたとしても、そのリーダーが正直でない、という疑いを少しでも抱いたら、そのリーダーについていこう、とは思わないだろう。これは、時代や国・文化の違いを超えて、人として最も重要なことなのかも知れない。

　なお、クーンツとポスナーの調査は、公式的なリーダーを対象としている。しかし、公式的なリーダーではなく、同僚であっても部下であっても、誠実さを示すためには、まず、正直であることが重要になる。

　誠実さのもう1つの重要な側面は、利他主義である。自分のためではなく、相手のためや職場目標達成のために行動することである。たとえ演説がさわやかで感動するような話がうまかったとしても、その真の目的が自分自身の利益のためであると感じられると、とたんにその人を信頼できなくなる。これは、上司であっても同僚であっても同じである。例えば、同僚からの手助けが、心からの心配によるものだと思うと、その人を信頼できるようになる。しかし、何か下心があると思えば、感謝の気持ちが薄れるどころか、逆に、警戒するかも知れない。

　旧約聖書の出エジプト記によると、イテロは、多くの人の裁きを1人でしているモーセに対して、何人かの人と分担するように助言する。その際に、3つの条件を満たしている人に任せることが適切であると助言している。その条件の1つが誠実さを持ち合わせている、ということである。人類の昔から、人から信頼を得るためには誠実さが重要なのである。

慈悲深いこと

　慈悲深さとは、他者へ示す心からの関心や他者のための行動である。見返りを期待せず、真に他者を思いやった気持ちや行動である。リーダーがフォロワーに対して、慈悲深さを示すことができれば、フォロワーはリーダーのことを信頼するようになる。メンバー同士であっても、相互に慈悲深さを示すことができれば、相互に信頼関係を築くことができる。

実際，リーダーシップ研究においても，慈悲深さは注目を浴びている。例えば，最近研究が盛んになってきたリーダーシップの1つに慈悲型リーダーシップ（Benevolent leadership）がある[5]。慈悲型リーダーシップとは，フォロワーが困ったときに，フォロワーに関心を示し，気遣い，フォロワーを勇気づけることに大きなエネルギーを割こうとするリーダーシップである。このタイプのリーダーは，フォロワーのプライベートな生活や家族の幸せにまで関心を示し配慮を行う。

　このようなリーダーシップを示されると，フォロワーはリーダーに対する信頼感を高め，リーダーのために努力したい，と感じるようになる。その結果，職場の成果を高めるために，積極的に貢献しようとするのである。実際に，慈悲型リーダーシップがフォロワーの自発的な役割外行動や創造性，成果を高めることが明らかにされている。

　社是「いい会社をつくりましょう」で知られる長野県の伊那食品は，社員の幸せに本気で取り組んでいる。そのHPには，以下のように書かれている[6]。

　「社員は家族です。食べ物が少なくなったからといって，家族の誰かを追い出して，残りの者で食べるということはありえません。会社も同じです。家族の幸せを願うように，社員の幸せを願う経営が大切なのです。またそう願うことで，会社経営にどんどん好循環が生まれていくのではないでしょうか」

　実際に伊那食品では，災害など不測の事態が社員に生じたときには，会社がすべて補償する方針である[7]。「自分たちに何かあったら会社が助けてくれる」という安心感を社員に与えるためである。これは，会社の制度として定められているのではなく，CEOである塚越寛氏の気持ちによるものである。つまり，塚越氏の個人的なリーダーシップによるものである。しかし，塚越氏の社員に対する影響力は強く，このように社員や社員の生活を思いやる塚越氏に対する信頼は厚い。塚越氏は以下のように語っている。

「こうした日々の発言や行動が功を奏しているのだろうか。当社の社員のほとんどが3人の子持ちである。会社のことを信頼してくれている証だし，少子化対策に貢献できていると思うと誇らしい」

　見返りを期待しない慈悲深さを示されると，その人に対して，信頼を置くようになる。何の見返りも求めないで自分のことをこれだけ気遣ってくれる，という気持ちが，信頼につながるのであろう。

開放的であること

　開放的であるとは，何か物事を決定する際に，その基準を明確化することである。また，決断する際に，その根拠を他者に説明することも含まれる。さらに，感情を言葉に表すことも必要となる。自分の気持ちを，無理に隠すのではなく，きちんと相手に伝えることが重要なのである。

　伝えるタイミングや伝え方には注意を払う必要がある。何でも，思ったままに伝えればよいというわけではない。しかし，押し隠そうとしても，感情は表に出る。また，相手はそれを敏感に感じ取る。無理に隠して不信感を抱かせるよりは，冷静に伝えたほうが信頼構築には役立つ。その際に，なぜ，そのような感情を抱いているのか，相手にもわかるようにきちんと説明することが必要である。ネガティブな感情を抱いているときは，とりわけ丁寧な説明が必要になる。

　また，真実を話すことが重要である。隠そうとしても，相手は独自のネットワークにより情報を得ることがある。一度でも他から先に情報を得ると，「またこの人は，何か隠しているのではないか」という不信感を抱くようになる。人は，たとえ自分にとって都合が悪いこと，自分が聞きたくないことであっても，それが真実であれば，隠されるよりは聞かされることを好むものである。誠実さと同様に，開放的であるためにも，正直さは重要となる。

公正であること

　公正であることも重要である。ただし，公正かどうかは，発信した側ではな

く，受け取る側が決めることである。例えば，上司がいくら「私は公正に振る舞っている」と思っていても，部下が不公正であるととらえていれば，それは，公正であるとは言えない。

　ところが，往々にして，部下と上司では，認識が違うことが多い。この点について，興味深い研究が行われている[8]。この研究では，トップ・マネジメント（経営陣）と現場の管理職のそれぞれに，部下の意見を意思決定に採り入れている度合いを聞いている。また，現場の管理職とその部下に，上司が自分の意見を意思決定にどの程度採り上げてくれているかを聞いている。その結果を示したものが**図表14-2**である。

　図の1行目は回答した人であり，2行目は，意見を採り入れているかどうかを問われている人である。例えば図の2列目は，「あなたはどの程度部下の意見を採り入れていますか？」とトップ・マネジメントに質問したところ，「ほとんどいつも採用している」と回答した人が70％おり，「しばしば採用」と回答した人が25％，「滅多に採用しない」と回答した人が5％いることを示している。

　この図によると，「あなたの上司（＝トップ・マネジメント）はあなたの意見をどのくらい意思決定に採り入れていますか？」という現場の管理職への問いに対して，「いつも採用する」と回答した人が52％にとどまっていることがわかる。しかし，その上司（＝トップ・マネジメント）に「あなたはどの程度部下の意見を採り入れていますか？」と訊いたところ，70％が「いつも採用している」と答えているのである。

　ここまではよくある話である。この調査の面白いのは，同じような質問のパターンを，今度は管理職とその部下に行ったところである。現場の管理職に「あなたはどの程度部下の意見を採り入れていますか？」と訊いたところ，73％が「いつも採用している」と答えた。しかし，その部下に「あなたの上司（＝現場の管理職）はあなたの意見をどのくらい意思決定に採り入れていますか？」と訊いてみたところ，「いつも採用している」と回答した人はたった16％しかいなかった。

　この研究結果は，同じ人でも，部下の立場になったときと上司の立場になっ

図表14-2 立場によって認識が異なる

	トップ・マネジメント	現場の管理職		現場の従業員
対象	自分	トップ・マネジメント（上司）	自分	現場の管理職（上司）
ほとんどいつも採用	70%	52%	73%	16%
しばしば採用	25%	17%	23%	23%
滅多に採用しない	5%	31%	4%	61%

出所：Shani and Lau（1996）をもとに筆者作成。

たときでは、認識が全く異なることを示している。ただし、これは、上司と部下に限らない。同僚同士であっても、人や状況が異なれば、認識も異なる可能性がある。このため、信頼関係構築のためには、他のメンバーが自分とは異なる認識を持っている可能性がある、ということを前提に行動することが必要となる。

公正さを考えるうえで重要な示唆を得られる概念がある。組織公正感という概念である。組織公正感とは、職場において何が公平で正しいか、ということについての全体的な知覚である。人が公平で正しいと感じるかどうかにはさまざまな要因が影響を及ぼすが、主として、次の3つ要因がある。1つ目は配分された報酬の量に関する公正感である。2つ目は報酬量が決定されるプロセス（手続き・ルール）に関する公正感である。そして3つ目が、職場で敬意をもって接せられている度合い（＝職場で受けている敬意に関する公正感）である。それぞれについて、分配的公正感、手続き的公正感、関係的公正感と呼ばれている（**図表14-3**）。

以前の組織公正感の研究では、分配的公正感が重視されていたが、最近の研究では、手続き的公正感や関係的公正感のほうが重視されている。なぜなら、全体的な公正感に、こちらの2つのほうが強く影響するからである。つまり、職場での物事の決め方や資源の配分方法が公正であることと、職場の中で他のメンバーから敬意をもって接せられていることが、メンバーの公正感を高める

図表14-3	3つの公正感
分配的公正感	配分された報酬の量に関する公正感
手続き的公正感	報酬量が決定されるプロセス（手続き・ルール）に関する公正感
関係的公正感	職場で敬意をもって接せられている度合い（＝職場で受けている敬意に関する公正感）

のである。

　組織公正感という概念は，組織・職場や上司と部下の関係を想定した概念である。しかし，この概念はメンバー間にも応用できる。職場内でメンバー間の信頼関係を高めるためには，メンバー間でも公正感を高める必要がある。そしてそのためには，お互いに，手続き的公正感や関係的公正感を意識して行動することが求められる。

一貫性があること

　一貫性があるとは，意思決定の際に，一貫した信条や価値観に基づいて判断をする，ということである。常に，一貫した信条や価値観に基づいた判断がなされていれば，たとえ表面的な判断が場面によって異なっていたとしても信頼を損なうことはない。

　　グーグルのミッションは「世界中の情報を整理し，誰もがアクセスできるようにする」である。このミッションに従って，検索サービスから地図や図書の電子化，メールサービス，クラウド・ドライブなどにサービスを広げている。このミッションは，グーグルの事業ドメインを規定するだけでなく，グーグル社員の思考や行動の基本原則になっている。
　　グーグルの会長であるエリック・シュミット氏は，このようなミッションがあるからこそ，中国事業において，中国政府の情報検閲と摩擦を起こしたときに，事業撤退の決断をしたと語っている[9]。利益のことを考えれば，中国市場からの撤退は考えられない。しかし，グーグルは，ミッションと一貫した行動をとることを選び，中国市場で得られるであろう膨大な利益を捨て

て，撤退の決断をしたのである。

　このエピソードは，グーグルの経営陣が，ミッションをいかに重視し，ミッションに従って戦略・行動を決めていることを示している。ミッションと一貫した経営陣の戦略・行動は，グーグルの社員に対してミッションの重要性を示すと同時に，社員からの信頼獲得につながっているはずである。
　ただし，一貫性があるということは，個別の意思決定や行動を変化させない，という意味ではない。企業を取り巻く環境は日々変化しており，これに伴って，職場の戦略や目標はフレキシブルに変化する必要がある。当然のことながら，職場で求められる個々の意思決定や行動も変化を求められることになる。
　しかし，どのように変化したとしても，その根底にある信条や価値観との整合性が求められる。**個別の意思決定や行動はフレキシブルに変化したとしても，基本となる信条や価値観に対する整合性は一貫している必要があるのである。**信条や価値観と整合しない変化は，一貫性を欠き，企業内外からの信頼を失うことにつながる。

信頼感のある職場の構築に向けて

　これら6つの要因を職場で促進するためには，何が必要であろうか？　まずは，公式にリーダー的立場にある人が率先垂範すべきであろう。そもそも，公式のリーダーが実践していなければ，他の職場のメンバーは誰も実践しない。また，公式のリーダーが6要因を実践することで他のメンバーから信頼されるようになれば，職場内に相互信頼の風土が醸成される。最終的には，職場のメンバーの全員が実践すべきだが，まずは公式のリーダーから始めるべきである。"まず隗より始めよ"である。
　なお，上記6要因は，個々のメンバーの行動に焦点を当てているが，職場全体で見た場合は緊密なコミュニケーションが重要になる。なぜなら，緊密なコミュニケーションをとることで，相互の考え方や価値観の理解が進むからである。

緊密なコミュニケーションをとることで，コンテクストの共有化が進み，コンテクストが異なることによるコミュニケーション・エラーを防ぐことができる。また，たとえコミュニケーション・エラーによる誤解が生じたとしても，頻繁にコミュニケーションをとっていれば，誤解を解くことも可能である。実際に，先行研究は，コミュニケーションの頻度や質が，信頼獲得につながることを示している[10]。

　各メンバーが上記6要因を推進することで，メンバー間のコミュニケーションは促進される。一方で，メンバー間のコミュニケーションが促進されることで，各メンバーの6要因が促進される面もある。つまり，両者は，相互に影響しながら，職場の信頼関係の構築に役立っているのである（図表14-4）。

　なお，第2部第7章において，職場がシェアド・リーダーシップの状態になることで，職場のコミュニケーションが活発化することを指摘した。この指摘は，ここでの言明と矛盾する。コミュニケーションがシェアド・リーダーシップの原因でもあり結果でもあることになるからである。

　しかし，自己効力感同様，双方向の因果関係があると考えるのが自然であろう。職場がシェアド・リーダーシップの状態になれば，各メンバー同士のやりとりが増え，コミュニケーションは活発化する。一方で，コミュニケーションが活発になれば，相互の信頼関係が強まり，結果的にシェアド・リーダーシップの状態が促進される。両者には，図表14-5のような因果関係が存在するのであろう。

　いずれにしても，職場でのコミュニケーションを活発化することは，職場での信頼関係構築に重要な役割を果たす。このため，最近では，多くの企業でオフサイト・ミーティングを取り入れている。オフサイト・ミーティングとは，もともとは，オープンで活発な議論を促進するために，日常の仕事から離れた場所で集中的に会議を行うことである。しかし，企業によっては，仕事以外のインフォーマルなテーマでオフサイト・ミーティングを行ったり，あえて，テーマを決めずに行ったりするところも見られる。これは，より良い意思決定を行うため，というよりは，メンバー間の人間関係を構築したり，相互に率直にものが言える風土を創り出したりするために行われている。

図表14-4 信頼関係を促進する要因

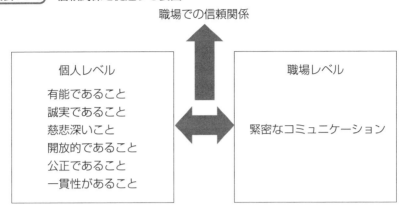

図表14-5 シェアド・リーダーシップ，信頼感，コミュニケーションの関係

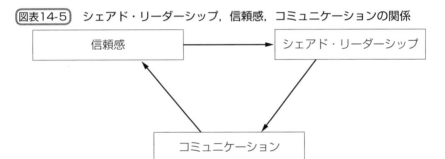

　オフサイト・ミーティングに限らず，職場のコミュニケーションを活性化する施策は，メンバー間の信頼醸成に役立つと考えられる。以前は，運動会や社員旅行，親睦会などがその役割を果たしていた。もちろん，今でも機能を果たしているものもある。しかし，一方で，時代が変わり，従業員のニーズが変われば，別の施策が必要になるかも知れない。従業員のニーズに合った新しいコミュニケーション促進のための施策が必要になるのである。ただし，どのように時代が変わっても，信頼醸成の重要性や，そのためのコミュニケーション活性化施策の重要性は変わらないだろう。

注

1. Rousseau, D. M., Sitkin, S. B., Burt, R. S. and Camerer, C. (1998) "Not so different after all: A cross-discipline view of trust," *Academy of Management Review*, 23, 3 393-404.を参考にしている。
2. 主にMayer, R. C., Davis, J. H. and Schoorman, F. D. (1995) "An integrative model of organizational trust," *ibid.*, 20, 709-734.とSchindler, P. L. and Thomas, C. C. (1993) "The structure of interpersonal trust in the workplace," *Psychological Reports*, 73, 2 563.をもとにまとめている。
3. Katz, R. L. (1974) "Skills of an effective administrator," *Harvard Business Review*, 52, 90-102.は、これに加えて、マネージャーのレベルによって必要な能力が異なることを指摘している。一線にいるマネージャーは、3つの能力の中でも、専門的・技術的能力の重要性が高く、概念構築能力の重要性が相対的に低い。これに対して、トップ・マネジメントのレベルのマネージャーは、専門的・技術的能力の重要性が低く、概念構築能力の重要性が高い。また、人間関係能力については、レベルにかかわらず、常に重要性が高いのである。
4. Kouzes, J. M. and Posner, B. Z. (2007) *The Leadership Challenge* (4 th ed.) San Francisco, CA: John Wiley & Sons.
5. Chan, S. and Mak, W.-m. (2012) "Benevolent leadership and follower performance: The mediating role of leader-member exchange (LMX)," *Asia Pacific Journal of Management*, 29, 2 285-301.やWang, A.-C. and Cheng, B.-S. (2010) "When does benevolent leadership lead to creativity? The moderating role of creative role identity and job autonomy," *Journal of Organizational Behavior*, 31, 1 106-121.を参照。
6. 伊那食品HPより (http://www.kantenpp.co.jp/corpinfo/rinen/04.html)
7. これ以降の伊那食品に関する記述は、『日経ビジネス』2015年12月28日号をもとにしている。
8. Shani, A. B. and Lau, J. B. (1996) *Behavior in organizations: An experiential approach* (6 th ed.) New York, NY: Irwin/McGraw-Hill.
9. Schmidt, E. and Rosenberg, J. (2014) *How Google Works*, London: John Murray. (土方奈美訳『How Google Works 私たちの働き方とマネジメント』日本経済新聞社) による。
10. 例えば、Kyriazis, E., Couchman, P. and Johnson, L. W. (2012) "Psychosocial antecedents of communication, trust, and relationship effectiveness in new product development projects: a functional manager perspective," *R&D Management*, 42, 3 207-224, Tang, F. (2015) "When communication quality is trustworthy? Transactive memory systems and the mediating role of trust in software development teams," *ibid.*, 45, 1 41-59, Willemyns, M., Gallois, C. and Callan, V. J. (2003) "Trust me, I'm your boss: trust and power in supervisor-supervisee communication," *International Journal of Human Resource*

Management, 14, 1 117-127.など。

クロージング

リーダーシップの持論，再び

　これまで長々とシェアド・リーダーシップについて述べてきたが，本書が言いたいことをずばりまとめると以下の2つになる。

　　リーダーシップは誰もが発揮できる
　　リーダーシップは誰もが発揮しなければならない

　あなたが，今，リーダー的な役職に就いているとしよう。その場合は，自分がいかに効果的なリーダーシップを発揮するかが重要な課題となる。しかし，それ以上に重要な課題となるのは，部下にいかに効果的なリーダーシップを発揮させるか，ということになる。

　あなたが，今，リーダー的な役職に就いていないとしよう。その場合，上司からの命令や期待にいかに応えるのかが重要な課題となる。しかし，それ以上に重要な課題となるのは，公式の権限が何もない中で，いかに効果的なリーダーシップを発揮すべきか，ということになる。

　あなたが，今，リーダーシップの研究に興味を抱いているとしよう。その場合，既存の○○型リーダーシップの効果を確認したり新しい△△型リーダーシップを発見したりすることが重要な課題となる。しかし，それ以上に重要な課題となるのは，自分の強みをリーダーシップに活かす方法やリーダー的な役職に就いていない人が効果的なリーダーシップを発揮する条件や方法を明らかにすることである。

　リーダー的な役職に就いているかどうかに関係なく，効果的なリーダーシップを発揮できるようになる方法がある。それは，自らのリーダーシップ持論を鍛えることである。持論は経験に基づいているため具体的で応用可能性が高い。

このため，実際の行動に結びつけやすい。また，自らの性格・能力や自らが置かれた状況に依拠しているため，他人の持論や一般的な理論よりも即応性があり有効性が高い。

それでは，持論を鍛えるために何が必要か？ もちろん1つは経験である。持論が経験に基づいている以上，さまざまな経験が持論を豊かなものにすることは間違いない。一方で，経験しただけでは足りない。そこから学ぶことが必要である。学習である。リーダーシップ持論を鍛え豊かにするためには，経験と学習の両方が必要となる。

PDCAサイクル

持論形成のために，経験が重要であることは言うまでもない。しかし，経験するだけで，その経験が，より豊かな持論形成に結びつかない人がいる。そのような人に足りないのが，PDCAサイクルを回すことである。

どのような仕事であっても，より高い成果を上げるためには，PDCAサイクルを回す必要がある。リーダーシップ持論も同様である。より豊かなリーダーシップ持論を構築するためには，PDCAサイクルを回す必要がある。P（Plan）は持論仮説の構築，D（Do）は持論仮説の実行，C（Check）は持論仮説の検証，A（Action）は持論仮説の改善である（図表1）。

P 持論仮説の構築

リーダーシップ持論形成のためのPDCAは，持論仮説の構築から始まる。自らの暗黙的または明示的な持論を整理し，自分なりの持論の仮説として構築するのである。例えば以下のようなものである。

> 「人に影響力を与えるためには，信頼が重要である。そのためには，まず，必ず約束を守ることと，自分の気持ちを素直に話すことが重要である」

初めはあまり深く考えず，「日頃自分が考えていることをただ整理するだけ」

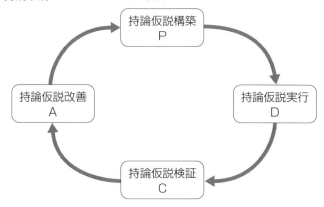

図表1　持論形成のためのPDCAサイクル

くらいの気持ちで記述するのが良いだろう。しかし，実際に記述しようとしてみると，日頃の考えをうまく明示化できていなかったり，うまくまとめて書けなかったりするかも知れない。記述する，という行為は，それだけで，自分の考えをまとめたり，深く考えてみたりすることに役立つのである。

D　持論仮説の実行

　次は構築された持論仮説の実行である。実際の職場で，持論仮説を意識して使ってみるのである。日頃何気なく行っている行動であっても，意識してそれを行おうとすると，うまく行動に移せたり移せなかったり，ということが，自分なりに理解することができる。また，その行動の結果にも意識が行くようになるので，効果も確認しやすくなる。

C　持論仮説の検証

　次は，その効果の検証である。実際に，自分が意識して行った行動が，どのような効果を生み出したのかを検証するのである。もちろん，それは，さまざまな基準で評価する必要がある。例えば以下のとおりである。

相手に対して
- 心理にどのような影響を及ぼしたのか？
- 行動にどのような影響を及ぼしたのか？
- 成果にどのような影響を及ぼしたのか？

職場全体に対して
- 雰囲気にどのような影響を及ぼしたのか？
- 全員の行動にどのような影響を及ぼしたのか？
- 成果にどのような影響を及ぼしたのか？

自分に対して
- 心理にどのような影響を及ぼしたのか？
- 行動にどのような影響を及ぼしたのか？
- 成果にどのような影響を及ぼしたのか？

　意外かも知れないが，自分にどのような影響を及ぼしたのかも重要である。もちろん独り善がりの評価は避けるべきである。相手の人や職場全体への影響は，厳密に評価すべきである。しかし，自分への影響も検討すべきである。
　例えば，相手や職場全体には非常に効果的であるが，自分にとって，その行動をとることが気持ち悪い，とか，気分が晴れない，ということであれば，その行動は長続きしない。**自分の能力や性格に合わないリーダーシップは，やはり，適切なリーダーシップとは言えないのである。**

A　持論仮説の改善

　最後が，持論仮説の改善である。検証の際にうまく機能していないと思われた行動については，その理由を検討し，どのようにすればうまく機能するのかを考える。また，うまく機能していると思われた行動については，より強化するために何が必要なのかを考える。
　例えば，いつもなら，誠実に相手の話を聞いてあげれば，相手は心を開いて

話してくれるのに，今回の相手は，一所懸命耳を傾けても，本音で語ってくれなかったとしよう。今度の相手は，人のことを容易に信用せず，心を開くのが苦手な性格であったために，うまくいかなかったのである。だとすれば，誰に対しても"誠実に話を聞く"という行動が，直ちに効果を生み出すわけではない。人によっては，じっくり時間をかけて人間関係を構築し，ある程度の信頼を得てから"誠実に話を聞く"ほうが有効なのである。このようにして，以前の持論仮説を修正し，新しく，より豊かな持論仮説構築に結びつけるのである。

リーダーシップ持論は，このようにPDCAサイクルを回し続けることで，より豊かなものに育っていく。

持論仮説の構築のために

PDCAサイクルを回す出発点は持論仮説の構築である。持論仮説を構築するために重要となるのが，経験，観察，対話，そして内省である（**図表2**）。

持論仮説を構築するために最も重要なのは，自らの経験である。さまざまな経験を通じて，どのようなリーダーシップであれば自分の性格や能力を活かすことができ，なおかつ効果を発揮することができるのかを知ることができる。他人に対して適切な影響力を発揮することができたとき，なぜうまくいったのか，また，自分のどのような能力や性格がうまく機能したのかを知ることができる。うまくいかなかったときでも，うまくいかなかった理由を知ることがで

図表2 持論仮説構築のために必要なこと

きる。このような経験の積み重ねは、自分の強みを知る良い機会になる。

一方で、自らができる経験には限りがある。このため、他人の経験を観察し、他人の経験を代理体験することで、自らの持論仮説の構築に役立たせることもできる。成功したり失敗した他人を見て、その成功や失敗の理由を考えたり、自分だったらどうするかをシミュレーションしてみることで、持論仮説構築のために得られることは多くある。

他人の経験の観察は、実際に目で見た観察に限らない。偉大なリーダーの軌跡を記した書籍を読むことで、偉大なリーダーの経験を代理体験することができる。また、多くの人の経験の集合体という意味では、理論を知ることも、持論仮説の構築に役立つであろう。偉大なリーダーの軌跡もリーダーシップ理論も、そのまま真似をするだけでは役に立たない。しかし、自らの持論仮説を構築する際には、参考になる面が多くある。

持論仮説構築には、対話も重要な役割を果たす。人との対話によって、他人の経験を代理体験することができる。しかし、それ以上に重要なのはフィードバックである。自分の弱みはいくつも言えるのに、強みとなると明確に伝えられない、という人も多いのではないだろうか。しかし、効果的なリーダーシップを発揮するためには、自分の強みを活かす必要がある。そのためには、リーダーシップに活かせる自分の強みを発見することが何より重要となる。

図表3は、有名なジョハリの窓である。自分が知っている自分と知らない自分を横軸にとり、他人が知っている自分と知らない自分を縦軸にとっている。第1象限は誰もが知っている自分である。第2象限は、自分で気づいていない自分である。第3象限は誰も知らない自分である。そして、第4象限が自分だけが知っている自分である。

図表3　ジョハリの窓

	自分は知らない	自分で知っている
他人は知っている	自分で気づいていない自分	誰もが知っている自分
他人は知らない	誰も知らない自分	自分だけが知っている自分

人はとかく，自分が知っている自分だけを本当の自分と思いがちである。しかし，実際には，4つの象限のすべてが自分である。自分で気づいていない自分を知るためには，他人からのフィードバックが重要な役割を果たす。特に，自分の強みについては，フィードバックから得られることも多い。

　また，自分が知っている自分を開示していくことも重要である。自分がどのような人間でどのように考えるのかを知ってもらうことは，相手からの信頼獲得に重要な影響を及ぼす。そのためにも，対話は重要な役割を果たす。

　職場において，自分で気づいていない自分や，自分だけが知っている自分をなるべく減らし，誰もが知っている自分をなるべく増やしていくことが，効果的なリーダーシップ持論の構築に重要な影響を及ぼす。そのために，対話は重要な役割を果たすのである。

　最後に，内省も重要である。いろいろ経験したり話してみたりするだけでなく，自分のことを見つめ直すことも必要である。じっくり考えることで，今まで気づかなかったことに気づくこともある。

　例えば，自分の利害を考えずに，職場のメンバーにとって最も重要なビジョンを提示することで効果的なリーダーシップを発揮してきた人がいたとしよう。その人は，自分の利害を超えてビジョンを提示することが重要だと考えている。しかし，よくよく考えてみると，他のメンバーとの間に信頼関係ができていたからこそ，自分の行動を信じてもらえていることに気づく。つまり，ビジョンを提示する前提として，他のメンバーとの信頼関係が重要であることに気づくのである。

　このような気づきを得ると，今までの自分の言動がどのようにメンバーとの信頼関係を築いてきたのか，また，メンバーが替わったときに，同じようなやり方で信頼を築くことができるかどうかについても考えるようになる。このように，じっくり考えてみると，たとえ経験をしなくても，より深い持論構築ができるようになる。

　普通の人は，日頃忙しくて，自分のリーダーシップの持論を振り返る時間など持てない。しかし，より豊かな持論仮説を構築するためには，ときには，自分自身や他のメンバーのこと，そして職場全体のことを振り返って，じっくり

考えてみることも必要になる。

　このように，持論仮説を構築するために，経験，観察，対話，内省が重要な役割を果たす。ただし，これらは，必ずしも個別に機能しているわけではない。経験したことを内省してみたり，観察したことを経験に移してみたりと，相互に関連しながら持論仮説の構築に役立っている。図表2の図は，それぞれが関連していることを示している。

効果的なリーダーシップを発揮するために

　偉大なリーダーや成功したリーダーについて書かれている書籍を読むことや，リーダーシップを発揮するためのノウハウ本を読むことも，自らの持論仮説を構築するためには参考になる。多くの書籍を読むことで，さまざまな国のさまざまな時代におけるリーダー行動やその影響を観察することができるからである。

　しかし，それらの書籍の使い方を誤れば，全く意味をなさないばかりか，時と場合によっては，逆効果をもたらすこともある。偉大なリーダーが成し遂げた様子に感激して，次の日から，そのリーダーが行ったことを真似てみる，というのはありそうな話である。しかし，それはやめておいたほうが良い。真似てみたはいいものの，うまくいかなかったり，三日坊主で終わったり，周りからあきれられたり，などといったオチがつくのもよくある話である。

　リーダーシップの研究結果は，リーダーシップの有効性が内的環境と外的環境によって異なることを示している。内的環境とは，本人の能力や性格である。外的環境とは，職場の風土や取り組んでいる仕事内容，職場のメンバーの性格や能力，職場を含む組織の風土や構造，制度などである。リーダー自身の性格や能力も，職場が置かれている環境も全く異なるのに，行動だけ真似ても，効果が上がるはずはないのである。

　それでは，効果的なリーダーシップを発揮するためには何が必要なのだろうか。それは持論を鍛えることである。そのために，持論仮説のPDCAサイクルを回すことである。PDCAを回し続ける限り，持論は鍛えられ，PDCAサイク

ルを回し続ける限り，より効果的なリーダーシップが育成される。

　PDCAサイクルを回す，というのは一見地味な作業である。すばらしいリーダーシップ本に出会い，次の日からすばらしいリーダーシップを発揮できるようになるほうが，ずっと華やかである。そのような出会いに憧れる気持ちはよくわかる。

　しかし，どのような仕事にも，どのような学問にも王道がないように，リーダーシップにも王道はない。一見地味な作業であるが，これを地道に続けるしか他に道はない。ただし，地道にPDCAサイクルを回し続けることさえできれば，誰にでも身につけることができる。それがリーダーシップである。

あとがき

　当たり前の話であるが，研究活動は，自分の力だけでできるものではない。研究ができる環境があって初めて取り組めるものである。社会に理解され支えられて初めて研究活動を行うことができるのである。そうであるならば，研究成果を閉じた学術の世界だけで発表するのではなく，社会に還元することも，研究者にとって重要な役割である。

　また，研究成果を社会に還元することは，研究者にとって重要な知的刺激となる。実務の現場の方とのお話は，研究を推進するうえでのインスピレーションの源である。実務家からの同意や反論は，次の研究に取り組むためのモチベーションの源である。

　これが，研究者として"本気で"ビジネス書の執筆に取り組んだ理由である。本書が，多少なりとも，読者にとって役立つものになったとしたら幸いである。また，拙著に対して，同意であれ反論であれ，フィードバックをいただければ幸いである。

　なお，本書執筆にあたって，さまざまな方にお世話になった。慶應義塾大学名誉教授の石田英夫先生には，大学院時代から今日に至るまで，研究活動だけでなく，研究者としてあるべき姿まで，ご指導いただいている。また，本務校である立教大学経営学部の同僚である教職員には，研究だけでなく，日頃の業務でも大変お世話になっている。さらに，中央経済社には本書出版の機会を与えていただき，また編集の市田由紀子氏には，本書の細部にわたるまで重要なアドバイスをいただいた。

　最後に，私事ではあるが，家族に感謝したい。私の家族は，家族のメンバーとして適切なリーダーシップを発揮できない私を温かく見守ってくれてきた。とりわけ妻の友貴子には，物理的にも心理的にも多大な支援をしてもらっている。彼女の支援がなければ，本書を書き上げるどころか，研究者として活動することさえもままならなかっただろう。大いなる感謝を述べたい。

REFERENCES

Amabile, T. M. (1996) *Creativity in Context: Update to the Social Psychology of Creativity*, Boulder, CO: Westview.

Ambady, N. and Rosenthal, R. (1993) "Half a minute: Predicting teacher evaluations from thin slices of nonverbal behavior and physical attractiveness," *Journal of Personality and Social Psychology*, 64, 3 431.

Avolio, B. and Bass, B. (1991) *The full range of leadership development: Basic and advanced manuals Binghamton*, NY: Bass, Avolio & Associates.

Avolio, B. J. and Bass, B. M. (1994) *Evaluate the impact of transformational leadership training at individual, group, organizational and community levels (Final report to the W. K. Kellogg Foundation)*, Binghamton: NY: Binghamton University.

Avolio, B. J. and Bass, B. M. (1998) "You can drag a horse to water but you can't make it drink unless it is thirsty," *Journal of Leadership & Organizational Studies*, 5, 1 4-17.

Avolio, B. J., Jung, D. I., Murry, W. and Sivasubramaniam, N. (1996) "Building highly developed teams: Focusing on shared leadership processes, efficacy, trust, and performance," in M. M. Beyerlein and D. A. Johnson (eds.), *Advances in Interdisciplinary Study of Work Teams* (Vol. 3), Greenwich, CT: JAI Press, pp. 173-209.

Bandura, A. (1997) *Self-efficacy: The exercise of control*, New York, NY: Freeman.

Barling, J., Weber, T. and Kelloway, E. K. (1996) "Effects of transformational leadership training on attitudinal and financial outcomes: A field experiment," *Journal of Applied Psychology*, 81, 6 827.

Barrick, M. R. and Mount, M. K. (2005) "Yes, Personality Matters: Moving on to More Important Matters," *Human Performance*, 18, 4 359-372.

Bass, B. M. (1985) *Leadership and Performance beyond Expectation*, New York: Free Press.

Bass, B. M. and Avolio, B. J. (1994) *Improving Organizational Effectiveness through Transformational Leadership*, Thousand Oaks, CA: SageSate.

Carson, J. B., Tesluk, P. E. and Marrone, J. A. (2007) "Shared leadership in teams: An investigation of antecedent conditions and performance," *Academy of Management Journal*, 50, 5 1217-1234.

Cavazotte, F., Moreno, V. and Hickmann, M. (2012) "Effects of leader intelligence, personality and emotional intelligence on transformational leadership and managerial performance," *Leadership Quarterly*, 23, 3 443-455.

Chan, S. and Mak, W.-m. (2012) "Benevolent leadership and follower performance: The mediating role of leader-member exchange (LMX)," *Asia Pacific Journal of Management*, 29, 2 285-301.

Conger, J. A. and Kanungo, R. N. (1988) *Charismatic Leadership: The Elusive Factor in Organization Effectiveness*, San Francisco, CA: Jossey-Bass.

Conger, J. A. and Kanungo, R. N. (1994) "Charismatic leadership in organizations: perceived behavioral attributes and their measurement," *Journal of Organizational Behavior*, 15, 5 439-452.

Deci, E. L. and Ryan, R. M. (1985) *Intrinsic motivation and self-determination in human behavior*, New York, NY: Plenum.

Demirtas, O. and Akdogan, A. (2015) "The Effect of Ethical Leadership Behavior on Ethical Climate, Turnover Intention, and Affective Commitment," *Journal of Business Ethics*, 130, 1 59-67.

Dvir, T., Eden, D., Avolio, B. J. and Shamir, B. (2002) "Impact of transformational leadership on follower development and performance: A field experiment," *Academy of Management Journal*, 45, 4 735-744.

Fiedler, F. E. and Chemers, M. M. (1967) *A theory of leadership effectiveness*, New York: NY: McGraw-Hill.

Fiedler, F. E., Chemers, M. M. and Mahar, L. (1976) *Improving leadership effectiveness: The leader match concept*, New York: NY: John Wiley & Sons.

French, J. R. P., Jr, and Raven, B. H. (1959) "The bases of social power," in D. Cartwright (ed.), *Studies in social power*, Ann Arbor: MI: Institute for Social Research.

Greenleaf, R. K. (1977) *Servant leadership: A journey into the nature of legitimate power and greatness*, New York, NY: Paulist Press.

Gumusluoglu, L. and Ilsev, A. (2009) "Transformational leadership, creativity, and organizational innovation," *Journal of Business Research*, 62, 4 461-473.

Harter, S. (1978) "Effectance motivation reconsidered: Toward a development model," *Human Development*, 21, 1 34-64.

Heifetz, R. A. and Linsky, M. (2002) *Leadership on the line: Staying alive through the dangers of leading*, (Vol. 465) : Harvard Business Press.

Hersey, P. and Blanchard, K. (1993) *Management of Organizational Behavior: Utilizing Human Resources* (6 th ed.), Englewood Cliffs, NJ: Prentice Hall.

Hofstede, G. (1991) *Cultures and Organizations : Software of the Mind*, New York: McGraw-Hill.

House, R. (1976) "A 1976 theory of charismatic leadership," in J. G. Hunt and L. L. Larson (eds.), *Leadership: The Cutting Edge*, Carbondale, IL: Southern Illinois University Press.

石田英夫（1985）『日本企業の国際人事管理』日本労働研究機構。

Ishikawa, J. (2012) "Leadership and performance in Japanese R&D teams," *Asia Pacific Business Review*, 18, 2 241-258.
Ishikawa, J. (2012) "Transformational leadership and gatekeeping leadership: The roles of norm for maintaining consensus and shared leadership in team performance," *Asia Pacific Journal of Management*, 29, 2 265-283.
石川淳（2009）「変革型リーダーシップが研究開発チームの業績に及ぼす影響―変革型リーダーシップの正の側面と負の側面」『組織科学』43, 2 97-112。
石川淳（2013）「研究開発チームにおけるシェアド・リーダーシップ―チームリーダーのリーダーシップ，シェアド・リーダーシップ，チーム業績の関係」『組織科学』46, 4 67-82。
Janis, I. L. (1982) *Groupthink: Psychological Studies of Policy Decisions and Fiascoes* (2 nd ed.), Boston: Houghton Mifflin.
Katz, R. L. (1974) "Skills of an effective administrator," *Harvard Business Review*, 52, 90-102.
Kelley, R., E (1992). *The power of followership*, In. New York: NY: Doubleday.
Kelloway, E. K., Barling, J. and Helleur, J. (2000) "Enhancing transformational leadership: The roles of training and feedback," *Leadership & Organization Development Journal*, 21, 3 145-149.
Kok-Yee, N., Soon, A. and Kim-Yin, C. (2008) "Personality and Leader Effectiveness: A Moderated Mediation Model of Leadership Self-Efficacy, Job Demands, and Job Autonomy," *Journal of Applied Psychology*, 93, 4 733-743.
Kouzes, J. M. and Posner, B. Z. (2007) *The Leadership Challenge* (4 th ed.), San Francisco, CA: John Wiley & Sons.
Kyriazis, E., Couchman, P. and Johnson, L. W. (2012) "Psychosocial antecedents of communication, trust, and relationship effectiveness in new product development projects: a functional manager perspective," *R&D Management*, 42, 3 207-224.
Lawrence, P. R., Lorsch, J. W. and Garrison, J. S. (1967) *Organization and environment: Managing differentiation and integration*, Boston: MA: Harvard University.
Liden, R. C., Wayne, S. J., Zhao, H. and Henderson, D. (2008) "Servant leadership: Development of a multidimensional measure and multi-level assessment," *Leadership Quarterly*, 19, 2 161-177.
Liu, S., Hu, J., Li, Y., Wang, Z. and Lin, X. (2014) "Examining the cross-level relationship between shared leadership and learning in teams: Evidence from China," *Leadership Quarterly*, 25, 2 282-295.
Locke, E. A., Frederick, E., Lee, C. and Bobko, P. (1984) "Effect of Self-Efficacy, Goals, and Task Strategies on Task Performance," *Journal of Applied Psychology*, 69, 2 241-251.

REFERENCES

Mayer, R. C., Davis, J. H. and Schoorman, F. D. (1995) "An integrative model of organizational trust," *Academy of Management Review*, 20, 3 709-734.

McGraw, K. O. and Fiala, J. (1982) "Undermining the Zeigarnik effect: Another hidden cost of reward," *Journal of Personality*, 50, 1 58-66.

Mor Barak, M. E., Cherin, D. A. and Berkman, S. (1998) "Organizational and Personal Dimensions in Diversity Climate Ethnic and Gender Differences in Employee Perceptions," *The Journal of Applied Behavioral Science*, 34, 1 82-104.

Nease, A. A., Mudgett, B. O. and Quiñones, M. A. (1999) "Relationships Among Feedback Sign, Self-Efficacy, and Acceptance of Performance Feedback," *Journal of Applied Psychology*, 84, 5 806-814.

Oh, I.-S., Wang, G. and Mount, M. K. (2011) "Validity of Observer Ratings of the Five-Factor Model of Personality Traits: A Meta-Analysis," *Journal of Applied Psychology*, 96, 4 762-773.

Paglis, L. L. and Green, S. G. (2002) "Leadership self-efficacy and managers' motivation for leading change," *Journal of Organizational Behavior*, 23, 2 215-235.

Reichers, A. and Schneider, B. (1990) "Climate and culture: An evolution of constructs," in B. Schneider (ed.), *Organizational Climate and Culture*, San Francisco, CA: Jossey-Bass, pp. 5 -39.

Robbins, S. P. and Judge, T. A. (2013) *Organizational Behavior* (15th ed.), Upper Saddle River, NJ: Prentice-Hall.

Rosenthal, R. and Jacobson, L. (1968) "Pygmalion in the classroom," *The Urban Review*, 3, 1 16-20.

Rosenzweig, P. (2014) *The Halo Effect:... and the Eight Other Business Delusions That Deceive Managers*, London: Simon and Schuster.

Rousseau, D. M., Sitkin, S. B., Burt, R. S. and Camerer, C. (1998) "Not so different after all: A cross-discipline view of trust," *Academy of Management Review*, 23, 3 393-404.

Ruscio, J., Whitney, D. M. and Amabile, T. M. (1998) "Looking inside the fishbowl of creativity: Verbal and behavioral predictors of creative performance," *Creativity Research Journal*, 11, 3 243.

Schindler, P. L. and Thomas, C. C. (1993) "The structure of interpersonal trust in the workplace," *Psychological Reports*, 73, 2 563.

Schmidt, E. and Rosenberg, J. (2014) *How Google Works*, London: John Murray.

Seifter, H. and Economy, P. (2001) *Leadership Ensemble*, New York: NY: Henly Holt and Company.

Shalley, C. E. (1995) "Effects of coaction, expected evaluation, and goal setting on creativity and productivity," *Academy of Management Journal*, 38, 2 483-503.

Shamir, B., House, R. J. and Arthur, M. B. (1993) "The motivational effects of charismatic leadership: A self-concept based theory," *Organization Science*, 4, 4 577-594.

Shani, A. B. and Lau, J. B. (1996) *Behavior in organizations: An experiential approach* (6 th ed.), New York, NY: Irwin/McGraw-Hill.

Shin, S. J. and Zhou, J. (2003) "Transformational leadership, conservation, and creativity: Evidence from Korea," *Academy of Management Journal*, 46, 6 703-714.

Spears, L. C. (2002) "Tracing the past, present, and future of servant-leadership," in L. C. Spears and M. Lawrence (eds.), *Focus on Leadership: Servant-leadership for the Twenty-first Century*, New York, NY: John Wiley & Sons, pp. 1-16.

Stajkovic, A. D. and Luthans, F. (1998) "Self-efficacy and work-related performance: A meta-analysis," *Psychological Bulletin*, 124, 2 240.

高田朝子 (2003)『危機対応のエフィカシー・マネジメント―「チーム効力感」がカギを握る』慶應義塾大学出版会。

Tang, F. (2015) "When communication quality is trustworthy? Transactive memory systems and the mediating role of trust in software development teams," *R&D Management*, 45, 1 41-59.

Vance, A. (2015) *ELON MUSK: Tesla, SpaceX, and the Quest for a Fantastic Future*, New York, NY: Harper Collins.

Walumbwa, F. O., Lawler, J. J. and Avolio, B. J. (2007) "Leadership, Individual Differences, and Work-related Attitudes: A Cross-Culture Investigation," *Applied Psychology: An International Review*, 56, 2 212-230.

Wang, A.-C. and Cheng, B.-S. (2010) "When does benevolent leadership lead to creativity? The moderating role of creative role identity and job autonomy," *Journal of Organizational Behavior*, 31, 1 106-121.

Welch, J. and Byrne, J. A. (2003) *Jack: Straight from the gut*, Business Plus.

Willemyns, M., Gallois, C. and Callan, V. J. (2003) "Trust me, I'm your boss: trust and power in supervisor-supervisee communication," *International Journal of Human Resource Management*, 14, 1 117-127.

Yukl, G. (2002) *Leadership in Organizations* (5 th ed.), Upper Saddle River, NJ: Prentice-Hall.

Zenger, J. H., Folkman, J. R. and Edinger, S. K. (2011) "Making Yourself Indispensable," *Harvard Business Review*, 89, 10 84-92.

Zhou, J. (1998) "Feedback Valence, Feedback Style, Task Autonomy, and Achievement Orientation: Interactive Effects on Creative Performance," *Journal of Applied Psychology*, 83, 2 261-276.

索　引

■英　数

FRLP（Full Range Leadership Program） 116
MLQ（Multifactor Leadership Questionnaire） 116
OCB 124
PDCA 117, 118, 209, 215
SL理論 29, 37, 141
TMLQ（Team Multifactor Leadership Questionnaire） 74

■あ　行

アボリオ 74, 116
アマビル 91
受け身フォロワー 62, 63
影響力の源泉 103
演繹的思考 28
オフサイト・ミーティング 205

■か　行

カーソン 74
外的報酬 78
概念構築能力 195, 196
外発的モチベーション 78, 79
カッツ 195
カリスマ型リーダーシップ 12, 114, 132
カリスマ型リーダーシップ理論 141
関係の公正感 202
帰納的思考 27
クーンツとポスナー 196, 197
グループシンク 72
ケリー 62
権限格差 120

言語的説得 137, 138
権力格差 122
権力格差の受容度 121
個人主義－集団主義 120, 121
コンガーとカヌンゴ 141
コンティンジェンシー・アプローチ 29
コンテクスト 82, 204

■さ　行

サーバント・リーダーシップ 12
シェアド・リーダーシップ 13, 15, 43, 44, 50, 51, 53, 74, 130
自己監視性 143, 144
自己決定感 80
自己効力感 33, 80, 129, 130, 132, 134, 135, 136
自己利益の喪失 152, 156
視点の変化 129, 130, 181
慈悲型リーダーシップ 198
順応的フォロワー 62, 63
情報不足 152, 154
職能横断的プロジェクト・チーム 83
職場でのコミュニケーション 83
職場内ステータス感 76
職務概念 122, 123
職務関与 76
職務態度 75
職務満足 75, 76
ジンガー 148
信用 192
信頼 130, 192, 193, 194
心理的エンパワーメント 76
心理的喪失感の回避 157
静態的 184

223

静態的視点 ……………………………… 184
生理的情緒の高揚感 …………………… 137
選択的知覚 ……………………………… 154
専門的・技術的能力 ……………… 195, 196
創造性 …………………………………… 90, 91
組織公正感 ……………………… 201, 202
組織コミットメント ……………… 75, 76, 77
組織サポート感 ………………………… 76

■た 行

態度 ……………………………………… 75
代理経験 ………………………………… 137
達成体験 ………………………………… 137
多様性を認める風土 ……… 129, 130, 149, 151
男性型－女性型 …………………… 120, 121
チーム効力感 ……………………… 84, 85
デシ ……………………………………… 79
手続き的公正感 ………………………… 202
統合 ………………………………… 128, 129, 130
動態的 …………………………………… 184
動態的視点 ……………………………… 187
独自フォロワー ………………………… 62

■な 行

内的報酬 ………………………………… 78
内発的モチベーション ………… 79, 80, 176
人間関係能力 ……………………… 195, 196

■は 行

パーソナリティ・ベース・リーダーシップ
　…………………… 12, 29, 115, 129, 130, 139, 140
ハイフェッツ …………………………… 183
バス ………………………………… 59, 116
ハロー効果 ……………………………… 152
バンデューラ …………………………… 136
ピグマリオン効果 ……………………… 138
ビジョン ………………………………… 32
ビッグ5 ………………………………… 144
フィードラー理論 ……………………… 39
フォロワーシップ ………………… 61, 62
不確実性回避の志向 …………… 120, 121
フレンチとレイベン …………………… 103
分化 ………………………………… 128, 129, 130
分配的公正感 …………………………… 202
変革型リーダーシップ …………… 59, 116
ホフステッド …………………………… 120

■ま 行

マズローの5階層欲求理論 ……… 174, 175
マネジメント …………………………… 55
目標設定理論 ……………… 177, 178, 179
目標の共有化 ……………… 129, 130, 157, 169
モチベーション ………………………… 78
模範的フォロワー ………………… 62, 63

■や 行

役割の再配分 …………………………… 157

■ら 行

リーダー …………………………… 46, 47
リーダーシップ ……… 15, 17, 45, 55, 114
リーダーシップ自己効力感 ……………… 33
リーダーシップ持論 ……… 19, 20, 22, 24, 31, 33, 117, 208, 209
リーダーシップ理論 …………………… 36
リスク志向性 …………………………… 147
ローゼンタールとジャコブソン ………… 138
ローレンスとローシュ …………… 128, 129

●著者紹介

石川　淳（いしかわ　じゅん）

立教大学経営学部教授。立教大学統括副総長。立教学院常務理事。
1962年生まれ。慶應義塾大学法学部政治学科卒。慶應義塾大学経営管理研究科修士課程修了，同博士課程修了。博士（経営学）。
主要著作：『善き経営　GBIの理論と実践』丸善雄松堂，2016年（分担執筆），「研究開発プロセスのリーダーシップ：文献レビューと課題の提示」『日本労働研究雑誌』660号, 66-86頁, 2015年（単著），「研究開発チームにおけるシェアド・リーダーシップ：チームリーダーのリーダーシップ, シェアド・リーダーシップ, チーム業績の関係」『組織科学』48巻 4号, 67-82頁, 2013年（単著）, Transformational leadership and gatekeeping leadership: The roles of the norm for maintaining consensus and shared leadership in team performance, *Asia Pacific Journal of Management*, 29（2）: 265-283, 2012（単著）。
主要受賞歴：日本労務学会研究奨励賞（1997年），Pan-Pacific Business Conference Outstanding Paper Award（2011年・2014年）。

シェアド・リーダーシップ
■チーム全員の影響力が職場を強くする

2016年12月1日　第1版第1刷発行
2025年3月1日　第1版第17刷発行

著　者　石　川　　　淳
発行者　山　本　　　継
発行所　㈱中央経済社
発売元　㈱中央経済グループ
　　　　パブリッシング

〒101-0051　東京都千代田区神田神保町1-35
電話　03（3293）3371（編集代表）
　　　03（3293）3381（営業代表）
https://www.chuokeizai.co.jp
印刷／㈱堀内印刷所
製本／㈲井上製本所

Ⓒ 2016
Printed in Japan

＊頁の「欠落」や「順序違い」などがありましたらお取り替えいたしますので発売元までご送付ください。（送料小社負担）
ISBN978-4-502-20351-0　C3034

JCOPY〈出版者著作権管理機構委託出版物〉本書を無断で複写複製（コピー）することは，著作権法上の例外を除き，禁じられています。本書をコピーされる場合は事前に出版者著作権管理機構（JCOPY）の許諾を受けてください。
JCOPY〈https://www.jcopy.or.jp　eメール：info@jcopy.or.jp〉

好評既刊

世界24カ国，1,000社以上のCEOと5,000人以上のエグゼクティブのデータを分析した世界的プロジェクト，待望の邦訳！

文化を超える グローバルリーダーシップ
―優れたCEOと劣ったCEOの行動スタイル

Strategic Leadership across Cultures:
The GLOBE Study of CEO Leadership Behavior and Effectiveness in 24 Countries

R.J. ハウス，P.W. ドーフマン，M. ジャヴィダン，
P.J. ハンジェス，M.F. サリー・デ・ルケ [著]

太田正孝 [監訳・解説]　渡部典子 [訳]

<目次>　A5判・上製・480頁

第1章　社会文化とリーダーシップ

第2章　文化，リーダーシップ，上層部理論の文献レビュー

第3章　理論的根拠と枠組み，仮説，
　　　　リサーチ・デザイン，調査結果の概略

第4章　リサーチ・メソドロジーとデザイン

第5章　文化を超えるCEOのリーダーシップ行動

第6章　異文化リーダーシップ効果

第7章　文化を超えるCEOのリーダーシップ効果

第8章　優れたCEOと劣ったCEO

第9章　結論，インプリケーション，今後の研究

中央経済社